大众科普系列丛书

野外出行知识手册

吴 晋◎主 编

贵州科技出版社

图书在版编目（CIP）数据

野外出行知识手册 / 吴晋主编. -- 贵阳：
贵州科技出版社, 2022.4（2025.4重印）
（大众科普系列丛书）
ISBN 978-7-5532-1037-7

Ⅰ. ①野… Ⅱ. ①吴… Ⅲ. ①野外 - 生存 - 手册
Ⅳ. ①G895-62

中国版本图书馆CIP数据核字(2021)第256821号

大众科普系列丛书：野外出行知识手册
DAZHONG KEPU XILIE CONGSHU：YEWAI CHUXING ZHISHI SHOUCE

出版发行	贵州科技出版社
地　　址	贵阳市中天会展城会展东路A座（邮政编码：550081）
出 版 人	朱文迅
经　　销	全国各地新华书店
印　　刷	三河市兴国印务有限公司
版　　次	2022年4月第1版
印　　次	2025年4月第3次
字　　数	96千字
印　　张	4
开　　本	889mm × 1194mm 1/32
书　　号	ISBN 978-7-5532-1037-7
定　　价	35.00元

《大众科普系列丛书：野外出行知识手册》

编 委 会

前言
FOREWORD

现代社会，各种意外伤害及自然灾害时有发生，不断影响和威胁着人们的正常生活。一些人因自我保护意识不强、防范能力较差，往往成为各种直接或间接伤害的受害者。惨痛的悲剧让我们深刻意识到：对大众进行系统的安全知识教育是十分有必要的。要让大众树立自护、自救观念，形成自护、自救意识，培养自护、自救能力，在遇到各种异常事故和危险时能够果断、正确地进行自护和自救。

为了更好地帮助人们有效应对各种不安全因素，向人们普及有关急救自救、交通出行、消防火灾、居家生活、野外出行、健康饮食、自然灾害、网络信息、校园生活等方面的安全知识，学习出现安全事故时的应急、自救方法等，我们经过精心策划，组织相关专业人员编写了这套丛书。

本丛书向人们提供了系统的安全避险、防灾减灾知识，并精选了近些年发生的安全事故及自然灾害事例，内容翔实，趣味性、实用性、可操作性强，可帮助人们在危险及灾害来临时从容自救和互救。本丛书旨在告诉人们，只要充分认识各种危险，了解各种灾害的特点、形成原因及主要危害，学习一些危险及灾害应急预防措施，就能够在危险及灾害来临时从容应对，成功逃生和避险。另外，本丛书可以帮助大家提升科学素养，弘扬科学精神，营造讲科学、爱科学、学科学的良好氛围，切实提高科学知识普及率，使科学知识真正惠及千家万户。

我们衷心希望这套丛书成为保障大家安全的实用指南，为大家拥有平安快乐的生活、美好幸福的未来保驾护航！

由于丛书编写时间仓促，加上编者水平有限，书中难免存在疏漏及不当之处，欢迎读者朋友提出宝贵意见。

编委会

2021年12月

目录

CONTENTS

第三章　野外出行之生存技能 / 38

第四章　野外出行之应急脱险 / 65

第五章　野外出行之伤害自救 / 97

第一章　野外出行之准备工作

一、出行前如何做好体能储备

参加野外生存活动首先要有强壮的体魄。一个身体健康的人，可以将身体的潜能更多地发挥出来，而一个身体羸弱的人，只能发挥身体潜能的很少一部分，所以在出行前一定要尽可能地增强自己的体质。

1 体魄强健的标准

对一个正常人来讲，最少要经过两个月左右有计划的训练才能使体魄强健，身体应符合以下几项标准：

（1）思维敏捷，反应迅速，面对困难时能够保持头脑冷静。

（2）感官机敏，能够充分调动视觉、听觉、嗅觉、触觉和味觉。

（3）肌肉强健，身体匀称，具有独自克服困难的能力。

户外运动

（4）心跳有力，能够为全身肌肉的工作提供足够的血液。

（5）肺活量大，能够满足人体对氧气的需要，具有摄入足够氧气并将氧气输送到全身各处的能力。

（6）脂肪含量少，男子脂肪含量应不超过15%，女子脂肪含量可以比男子稍高。

户外运动有益身心健康

（7）血脂低，循环系统好，血液能在全身正常流动。

（8）动作灵活敏捷，不易造成运动损伤。

（9）关节和韧带较好，可以适应身体各种运动的需要。

2 锻炼身体的原则

锻炼身体不仅能够增强抵御疾病的能力，而且能够让你有一个很好的精神面貌，对自己的身体充满自信，有充沛的精力投入到各项活动中去。但是，健康的身体不是一朝一夕就能拥有的，需要有一个长期的锻炼过程。在这个过程中，你需要遵循以下几个原则。

（1）制订具体的锻炼计划。

制订一个具体的锻炼计划，将要实现的目标细化、量化，然后再围绕着这个目标展开锻炼，不轻易停下来。

（2）明确具体的锻炼指标。

只要每周锻炼的次数不少于3次，你就可以有效地巩固并逐渐取得很好的锻炼效果。在锻炼的时间上，应该持续在20分钟左右，随着身体逐渐适应，你可以将锻炼的时间延长到45分钟甚至更长，同时，锻炼的强度也应该根据自己身体的适应情况和承受能力而灵活改变。

（3）全力以赴。

一旦计划制订完成，就要立刻行动起来。

（4）持之以恒。

要有持之以恒的精神，养成习惯，长期坚持下来就会取得意想不到的效果。

（5）科学锻炼。

要学会循序渐进，先从简单的锻炼项目入手，再逐步进行较难项目的练习；要兼顾全面，要使你的锻炼计划包含各种锻炼内容，对全身的肌肉群进行锻炼；锻炼指标要因人而异，根据自己的实际能力而定；锻炼项目要多样，以多种锻炼方式来提高自己的锻炼兴趣。

3 锻炼身体的方式

不同的人需要不同的锻炼方式，当然每个人需要根据自身的情况来选择适合自己的锻炼方式。

（1）有氧锻炼。

有氧锻炼指走路、慢跑、骑车、游泳、跳绳等运动，有氧锻炼可以改进心血管系统和调动肌肉群，可以治疗失眠和食欲不振，可以防止肥胖。

（2）无氧锻炼。

无氧运动指的是短跑、跳跃、举重等运动。在进行无氧运动时，时间不能过长，因为缺氧会导致血液中产生乳酸。所以，在进行短时间的无氧运动之后，可以尝试有氧运动。

（3）静力锻炼。

当你的肌肉收缩，作用于不移动的物体的同时没有肢体运动时，这种锻炼方式为静力锻炼。通常来说，想要增强某一个特定部位的肌肉，最好的方法就是静力锻炼。

户外探险可以提高团队协作能力

（4）等张锻炼。

等张锻炼是通过渐进的加力来对全身的肌肉进行锻炼。

（5）负载受力锻炼。

负载受力锻炼是静力锻炼与等张锻炼的结合，通常它需要借助于器械。这些器械可以随着你的肌肉压力增加而提高耐力。负载受力锻炼中，随着肌肉压力的增加，耐力也会随之增加。

户外探险必须要有好的身体

（6）灵活性锻炼。

如果不经常进行灵活性锻炼，人的关节和肌肉就会变得僵硬，没有弹性。灵活性锻炼对于全身的关节，特别是在其他运动中不经常活动的关节是非常重要的。其中最为有效的方法是被动地伸展运动，在锻炼中，一个人可以拉伸各部位的肌肉，如果可能的话，还要保持拉伸状态持续一段时间。

二、出行前应做好哪些心理准备

野外出行会有一定的危险性和不确定性。如果情况严重的话，还会陷入困难和危险的境地。此时，我们最需要的就是保持冷静，具有良好的心态，这是克服困难和处理突发事件的重要条件。而且，面对这些困难和危险需要有一定的生存技巧，同时也需要有坚强的意志。

当人在面对困难的时候，往往会因为体能和心理上的变化而扭曲对各种客观现象的看法，产生各种错误的认知，如果无法做到及时改正，会让处境更加危险。

1 疼 痛

在野外活动时，可能会有疼痛发生，在这个时候，人们必须认识到，疼痛是人体的一种正常反应，如果还有疼痛感存在，说明人的身体状态还是正常的。在没有任何人帮助的情况下，一定要记住，忍耐是最重要的，要把所有的精力都集中在如何解决困难上，只有这样，疼痛感才会逐渐消失。

团队精神必不可少

2 疲 劳

在野外活动的时间越长，疲劳感会越严重。随着疲劳感的产生与加重，人的精神状态会变得越来越差，可能会感到没有希望、缺乏信心，进而导致热情与斗志逐渐下降，随之而来的是对各种事情的厌烦情绪，缺乏做事的兴趣，有紧张感和压抑感。在这种情况下，如果想要改变自己的状态，可以通过完成各项小事，重新树立自信心，找到克服疲劳的好办法。

3 寒 冷

在寒冷的环境中，人体的血流速度会减慢。遇见这种情况，应该加大运动量，以积极的运动产生热量以抵御外界的寒冷。

4 饥 饿

在野外活动中，如果没有充足的食物来源，挨饿是特别正常的事情，但这也是户外活动者难以忍受的。如果过度饥饿，还会威胁到生命安全。当感到饥饿时，你要充分运用各种方法，尽快找到食物，争取以最小的代价来获得最多的食物，及时补充体力。

5 干 渴

与缺乏食物相比，没有水源是更可怕的。即使没有食物，只要有水，一个人也可以幸存下来。但是如果没有水，在很短的时间内，人就会变得反应迟钝、虚弱无力。饮水要节约，特别是在野外，绝不能浪费一滴水。如果出现了缺水的情况，同时应减少食物的摄入量，否则后果不堪设想。

6 孤 独

一个人在野外的时候，很容易产生孤独感，特别是遇到困难又无人帮助的时候，孤独感会更加强烈。如果无法及时调节好自己的情绪，人很快就会感觉生活无望，甚至是绝望，这对野外生存是非常不利的。

三、如何制订一份出行计划

如果想要顺利地出行，那就需要做好计划。其实，出行前做计划也是出行乐趣的一部分。如果能够安排得较为细致妥当，那么一切都会比较顺利，所有的困难也都不在话下。

无论是何种类型的出行，都必须要制订计划。当然，计划也有简单和复杂之别，其影响因素包括出行地点、团队人数、出行时间……无论是多么简单的出行，最好都做好计划。

1 国内出行

如果你想要在国内的某一地方进行一次短期的徒步出行，那么应做好以下准备：选择出行目的地和出行同伴、确定列车时刻表、向当地的旅游信息机构询问关于野营地点的问题、买一张地图或准备可以导航的电子设备……另外，也要考虑到衣物和装备问题，如果还缺少某些装备，那就马上去买。选择与出行地气候相适应的衣物和装备对于出行的安全度和舒适度来说是十分重要的。另外，在可能的条件下，对天气情况进行研究也是非常必要的。

根据所计划的活动，你也许需要购买额外的保险或进行一些技能训练。这样可以保证各种意外情况不会给自身带来麻烦。同时，掌握一些急救知识也是非常必要的。

2 国外出行

如果要去更远的地方，你制订的计划也许就会涉及：预订火车票（也可能是渡轮票或飞机票）、获取步行或登山的许可、租用交通工具或取得驾乘车辆的相关证件、获取签证、接种疫苗、拿到国际驾照，以及在国外出行所需要计划的一切事项。

如果你想在出行的途中骑车、骑马或划独木舟，那么就有必要在出发前做一些常规的热身训练，以便提前发现问题

沙漠探险

并解决。骑着一辆装满各种沉重器具的自行车出行，与在乡间小道上骑自行车兜风可完全是两回事。如果你打算在马背上进行一次探险活动，除了需要会骑马外，你还得知道如何喂养马匹以及如何在夜间照料马匹。

户外探险

如果你前往一个缺乏专业医疗服务的偏远地区，急救措施的准备工作就显得至关重要了。在出行前你或许需要接种某些疫苗，此外，你还需要准备一些急救物品。丰富的急救知识和熟练的急救技能，对于偏远地区的探险活动或一些其他高危险活动都具有重要的意义。例如在登山运动中，突然发生事故，如果你知道该如何应对，那么你的生存机会就大很多。

高原探险

四、野外扎营选哪种帐篷最好

适合野外扎营的帐篷有很多种，需要个人空间的，就选择单人帐篷；和爱人一起的，就买双人帐篷；想和家人、朋友一起野营的，就买3～4人帐篷。在选择帐篷的时候，一定要记住，帐篷并不是仅仅为了住人，还要装你的其他物品，所以必须保证有足够的空间，在购买的时候一定要把所需物品占用的空间考虑进去。

在出行过程中，更多人关心的是帐篷的重量问题，谁都不愿意背重的东西出去。帐篷要做得很轻，需要在材料上下功夫。例如，有些地方需要用尼龙布，但是为了轻便，只能用纱网，虽然目的达到了，但是保温性却大大降低。因此，在购买帐篷的时候，一定要问一下自己：轻便的帐篷真的合适吗？

接下来我们就来看看帐篷到底有哪些种类。

露营帐篷

1 三季帐篷

通常来说，三季帐篷比较轻，一般用于春、夏、秋三个季节，适于较温和的气候下使用，主要用于普通野外活动。三季帐篷的优点是能较好地适应一般的风雨天气。许多三季帐篷采用了营房帐的设计形式，这种形式的帐篷底面为矩形，帐体窄，呈长条形，所使用的支撑杆和面料都较少，整体呈楔形。但是由于帐篷顶面较平，所以在遭遇暴雨袭击的时候往往导致帐篷垮塌。

2 四季帐篷

如果是在寒冷的冬季或者是高山上，最好使用四季帐篷。这种帐篷通常会增加1根到2根支撑杆，使支撑系统能抵御更强的风力或是更厚的积雪，所以比较结实。大部分的四季帐篷都采用了圆润的球形顶设计。球形顶避免了在帐篷顶部出现平面，因而不易积雨雪，而且这种设计也能更好地抗风，还能提供足够高的内部空间，其优势非常明显。

3 可转换帐篷

可转换帐篷是可以调整为三季帐篷的四季帐篷。调整的方法通常是从帐篷的支撑系统中拆掉1根到2根支撑杆以及可拆卸的通风部件。

4 单层帐篷

单层帐篷是一种用于温暖天气的帐篷，重量非常轻，比较单薄，通常可容纳1～2人，而且往往采用大面积的网状面料以加强通风。这种帐篷可用于春、夏、秋三季，温热、潮湿的天气最适合使用这种帐篷。

5 睡袋式帐篷

睡袋式帐篷只能提供最为有限的庇护空间，仅能容纳下单人及其睡袋。这种帐篷多用在攀岩过程中。如果出行者想要轻便一些，可以选择睡袋式帐篷。

6 睡幕帐和天幕

睡幕帐和天幕都极为轻便。睡幕帐可以用于温暖的天气。它使用网眼面料，有的密封起来，有的没有。网眼面料可以隔绝昆虫，但不防雨。而天幕只能提供最为简单的庇护，且只能用于春、夏、秋三季。

7 高山型帐篷

因为高山气流原因，高山型帐篷主要为较恶劣的气候条件而设计，性能指标注重抗风、防雨、高强度，在材料选择上比较考究，制作工艺比较复杂，属于中高档帐篷。高山型帐篷较为轻便，所以便于携带。适合一些较为复杂的气候环境。

8 双层帐篷

与单层帐篷相比，双层帐篷在设计上增加了一层透气性较好的内帐，主要是为了解决单层帐篷内壁结水的问题。如果是在凉爽的天气里，人体排出的热气，会在帐篷内壁凝结水

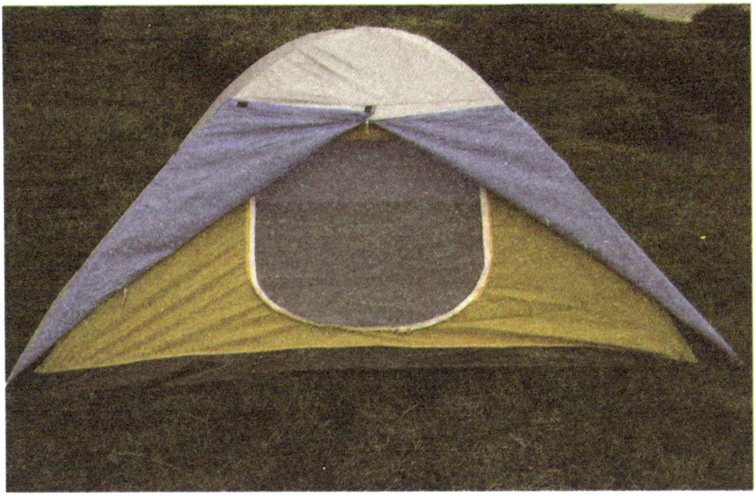

户外登山帐篷

珠，水珠顺帐篷内壁流下会打湿睡袋，而加设内帐后，外帐不直接和内帐底连接，人体散发的热气会透过内帐，凝结在外帐上，这样，外帐上的水珠就可以直流地面，能保证帐篷内的干燥。双层帐篷适合在凉爽的季节或者是寒冷的天气下使用。

五、选哪种睡袋最适合你

在野外，你需要有一个温暖舒适的睡袋来保证你在夜晚拥有良好的睡眠。只有晚上睡好觉，白天才会有充沛的体力和好的精神状态。因此，选择一个合适的睡袋是十分重要的。

所有睡袋的填充物都有隔绝空气的作用，能够很好地保存人体散发出来的热量。睡袋内部越热，说明其隔热效果越好。

睡袋可供选择的范围和种类十分广泛，既有便宜的单层棉被型，也有质量较好的羽绒填充类。选择睡袋的标准有：睡袋的构造、面料、填充物、拉链、型号以及是否有兜帽等。

1 构 造

从构造来说，通常有三种类型的睡袋：简单缝合式、封筒式和双层缝合式。

（1）简单缝合式。

这种缝合工艺通常用于价格比较便宜的睡袋。采用这种缝合方式的睡袋不易保存热量，因为热量很容易从缝合线处散失，因此，这类睡袋适合在夏季、春夏之交和夏秋之交使用。

（2）封筒式。

封筒式构造，该种工艺睡袋在加工的时候，将填充物裁成规定的小块缝合在一起，有助于填充物均匀分布，这种工艺有更好的保暖性和透气性，强度也大。

（3）双层缝合式。

双层缝合式睡袋在加工的时候，把里层和一层填充料缝合在一起，面层也和一层填充料缝合在一起，然后把两层的缝合线错开叠加在一起。这种工艺的睡袋保暖性较好，不会有针眼透风。这种工艺的睡袋采用的填充物质量较好，但通常也较重，因此不适合背包旅行时使用。

睡袋

2 面 料

睡袋面料的选择取决于你所前往的目的地的环境和气候。

（1）棉质面料。

棉质面料适用于高温和潮湿环境，因为棉布是一种透气性、吸汗性较好的天然纤维。

（2）尼龙面料。

尼龙面料适用于气温较低的环境。有些尼龙睡袋有棉布衬里，这样睡起来会更舒服。

（3）专业羽绒面料。

专业羽绒面料能够很好地防止填充物移动。此外，这种面料还具有一定程度的防水性，因此适合在微潮湿的环境下使用。

（4）军用睡袋。

军用睡袋的下面还有一块防潮布，因此即使没有帐篷或席子也可以直接放在地上使用。然而这种睡袋比较笨重，不易携带且不方便清洗。

3 填充物

不同睡袋之间最主要的区别就是填充物的类型及其厚度。睡袋填充物的功能在于通过隔绝空气来达到保暖效果。填充物越厚，其隔绝空气的效果就越好，睡袋的保暖效果也就越好。天然填充物睡袋通常会采用以下三种填充材料：羽绒、羽毛以及羽绒和羽毛的混合物。

（1）羽绒。

纯正的羽绒只能取自鸭或鹅的翅膀下面部分。目前为止，这种羽绒是已知的最轻且最保暖的睡袋填充物，且其适用的温度范围也较大。羽绒能够紧贴人的身体，故而具有更好的保暖舒适性。而且羽绒填充物的压缩性也比合成纤维要好，将其打包后放入背包时所占的空间也更小。羽绒填充物的缺点是被弄湿以后就会失去隔热效果，而且存储在潮湿环境下易腐烂。

虽然羽绒睡袋的价格比较贵，但是其使用寿命也比较长——在保养良好的情况下能使用20年，这从长远看不失为一种更经济的选择。羽绒睡袋具有轻便舒适、保暖效果好的特点，最适合在寒冷的环境下使用。

（2）羽毛。

这种填充物是指相对羽绒而言较大且硬的鸭毛或鹅毛。羽毛填充物的保暖性能不如羽绒及羽毛和羽绒混合的填充物，不过羽毛填充物睡袋的价格比较便宜，而且睡起来同样比较舒服。

4 型号与形状

在选购睡袋的时候，你得当场试睡一下，看是否足够宽和足够长。与你的体形比较符合的睡袋的保暖性要比过于宽松的睡袋好，当然睡袋也不能过紧，以免束缚身体。一般来说，质量较好的睡袋都是锥形的。

帐篷地垫

5 拉链

大多数睡袋的拉链拉开之后可以将睡袋完全展开，这样可以方便身体出入睡袋并有助于空气流通。另外，这种设计对于清理睡袋也更为方便。尽管拉链的下面有一块挡板，但是拉链仍然是冷空气钻入睡袋的潜在途径之一。

6 兜帽

人体大约有20%的热量是从头部散失的，因此睡袋上有必要连有一个兜帽。这样更有利于保暖，同时也使头部更舒适，并保护头部免受蚊蝇等虫子的叮咬。

7 安全性

当你不用睡袋的时候，注意不要将其随意摊在地上，而应及时卷起来放入背包里面，特别是在一些气候温和或炎热的地方，更要注意这一问题，因为这些地方的虫子比较多，要防止虫子爬进睡袋里面。

隔热垫

六、野外活动应携带哪些照明装备

在进行野外活动的时候，一定要准备好必要的照明装备。那么，照明装备有哪些种类呢？

① 小型手电筒

通常来说，如果野外活动只有一个人，那么可以使用带电池的小型手电筒，它比较轻巧、发光强。然而，手电筒需要手持，比较麻烦。

② 头　灯

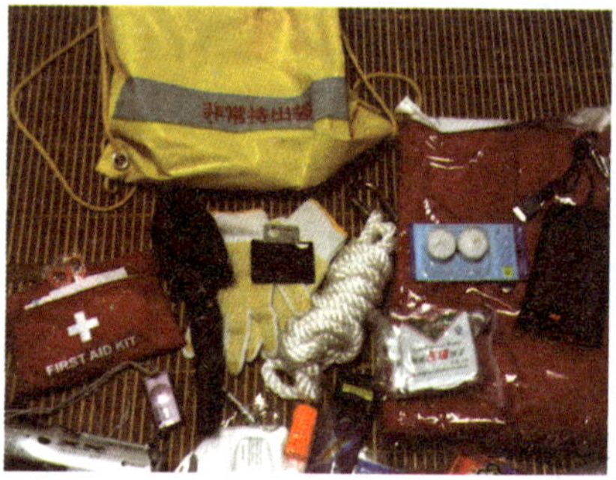

探险的必备品

在野外，最为理想的个人照明装备是头灯。头灯使用方便，它可以戴在头上，这样就解放了双手，使双手有更大的自由活动空间，可以方便地进行晚餐的烹调、在黑夜里搭建帐篷、在夜晚行军或是在帐篷里写日记。

③ 闪光信号灯

闪光信号灯可以引起营救者的注意，特别是在闭塞地区，应当带上红绿迷你型闪光信号灯，同时可以选用自来水笔大小的放电体。这些物品容易发生爆炸，所以在使用的时候一定要多加小心。在使用的时候可以将放电体旋接在闪光信号灯上。在日常生活中不要随便使用闪光信号灯，会浪费非常多的电量。

④ 蜡烛灯

蜡烛灯重量轻，价格便宜，使用时间长，而且还会散发出一定的热量，如果对照明度没有要求的话，可以选择蜡烛灯。其缺点是亮度较低，且如果使用不当，容易引发火灾。所以，儿童是不允许使用蜡烛灯的。

5 营地灯

营地灯专为较大面积的照明而设计，适合参加人数较多的长途旅行。但其占地面积比较大，特别笨重。另外，营地灯有两种供能方式，即使用电池和使用燃料。其中，操作较为方便的是使用电池的营地灯，但是持续的时间较短。

6 小型燃气灯

与大型的营地灯不同，小型燃气灯体积较小，携带方便。这种灯大多使用天然气，因为天然气已事先加压，因而不像使用煤油那样在使用时需要加压。小型燃气灯的照明强度高，人数不多的小型团队可以选择使用。

七、储水装备有哪些种类

对于徒步者来说，水是非常重要的，无论是人体的新陈代谢、控制体温，还是排泄，都和水有关。在徒步的过程中，徒步者需要摄取大量水分，否则就容易造成脱水。所以，储水装备是非常重要的，它关系到徒步者的生命安全。有过野外活动经验的人，大概都对在户外运动时水的重要性有着深刻的理解，如果想要保证户外生活质量或者是身体健康，一定要有充足的水源。简单的靠山吃山和靠水吃水并不能帮助人解渴，反而会消耗更多的精力和带来卫生隐患。所以，一定要考虑好如何获取、运输、保存和合理分配利用有限的饮用水。否则，难以保证野外活动的成功。

双肩登山包

因为户外活动的特殊性，一般的储水装备并不能满足人的需求。例如，如果想要只腾出一只手喝水的话，最重要的就是一个单手或配合牙齿就能开启和关闭的瓶嘴设计；在人数众多且有露营野炊需要的时候，一个可以折叠的水桶是最好的。在高海拔或极地等低温地区，最好有一个保证你的水不冻结的保温水壶。

1 硬质水壶

硬质水壶主要包括军用水壶、铝合金长罐形水壶、攀岩用水壶、塑料水壶、不锈钢真空杯等。

（1）军用水壶。

军用水壶是由水壶、套锅（饭盒）、帆布背包组成的。水壶装水，套锅烧饭或做饭盒，有个底托盘子是盛菜的。军用水壶用起来是非常方便的，但是有点重，而且基本不能保温，如果被撞击变形了，可能导致壶体和饭盒无法分离，所以，可以考虑把壶体换成塑料的。

野外探险时背负的行李

（2）铝合金长罐形水壶。

铝合金长罐形水壶是为登山和户外运动设计的水壶，瓶盖带有挂锁，可以方便地挂在背包、腰带上。如今，户外运动者最喜欢的就是这种水壶。它易携带、轻巧，外观颜色丰富，容积规格多，不易变形。

（3）攀岩用水壶。

攀岩用水壶类别很多，如炊具、水容器、净水器等，常用于露营、徒步、攀岩等。这种水壶的特点是带防霉防锈离子涂层，容积较大。

（4）其他水具。

塑料水壶、不锈钢真空杯、矿泉水瓶都可作为短途或非特殊旅行的盛水工具。户外活动者可以根据自己的需求进行挑选。

塑料水壶的优点是不易变形、轻便，缺点是易串味。

不锈钢真空杯优点是保温良好，缺点是偏重，不便于长距离行进背负。

2 软质水具

软质水具主要包括水袋和皮囊。

（1）水袋。

水袋由一个水管和一个容水袋构成，与硬质水壶相比还算比较轻便，可放入登山包内使用。水袋是由高分子复合材料制成的，水袋中的水一般不会有难闻的塑料味。水袋很柔软，即使有人站在上面也不会损坏，透明材质还有助于随时了解水的存量。水袋不仅可以装冷的和结冰的水，还可以装较热的水。水袋顶部有一个可挂在专用包上的小孔，一个旋入式的加水口。户外者可以用从底部引出的吸管喝水，在补充水分的时候还不妨碍运动。所以，水袋成为户外运动者的最佳选择。在晚上的时候，可以把水袋的水管去掉，装入热水，将其当作取暖袋来进行取暖。

（2）皮囊。

皮囊在结构上就是去掉吸管的水袋。在早期，因为膀胱防水性比较好，所以皮囊是用动物的膀胱来制作的。现在皮囊结构上分为内外两层，内胆材料基本与水袋一致，外层材料基本用皮革制成，可以折叠后携带，非常方便。

探险专用杖

第二章　野外出行之行进技能

一、山地行走遵循哪些原则

由于山地的地形比较复杂，在前进的过程中如果找不到技巧，不仅行走艰难，而且很容易遇到危险。如果想要在山地中顺利行走，需要遵循以下几个原则：

1 有道路便不穿林翻山

通常，那些经常在山区出行和工作的人，为了避免迷失方向，节省体力，提高行进速度，有道路便不穿林翻山，有大路便不走小路。如果没有道路，就选择那些纵向的山梁、山脊、山腰、河流小溪边缘，以及树高、林稀、空隙大、草丛低疏的地形行进。另外，不到万不得已时不要走纵深大的深沟峡谷和草丛繁茂、藤竹交织的地方，力求走梁不走沟，走纵不走横。

力求有道路便不穿林翻山

②适当放大步幅

为了能在行进中节省体力，应当适当将步幅加大，三步并作两步走，不仅节省了时间，而且也节省了体力。如果感觉比较疲劳，可以通过慢行来休息。

③因地、因时制宜

草坡和碎石坡是山间分布最广泛的一种地形。在这些山地中，除了一些悬崖峭壁之外，基本上都是草坡和碎石坡。

雨季在山中行走的时候，一定要避开低洼地；如遇雷雨天气，千万不能躲在大树下，因为大树常常引来落雷，容易遭到雷击。如果需要避雨，则要把那些金属物品放在一个容易寻找到的地方，千万不可带在身上。如果有地势较低的地方，可以选择在那里卧倒。

在山地如遇风雪、浓雾、强风等恶劣天气，应停止行进，

碎石坡

在山崖或者是山洞中躲避一下，等到天气好转的时候再走。

另外，不要过高估计自己的体力，如果感觉特别疲劳，那就休息一下，千万不要把体力全部耗尽之后再休息，这是非常危险的。正确的方法是大步走一段，再放松缓步慢行一段，或停下来休息一会，调整呼吸。站着休息时，不要卸掉背包，可以在背包下支撑一根木棍以减轻身体负重。如果天气比较冷的话，不要在石头上休息，而是选择一些不易吸热的地方休息。

4 掌握攀岩技术

在山地行进的过程中，不可避免地会遇到各种岩石坡和陡坡，此时就需要攀岩。在攀登岩石之前应对岩石进行细致的观察，充分了解岩石的各项情况，包括质量和风化程度，然后再确定攀登的方向和通过的路线，使用有效的攀岩方法。一般来说，攀岩要选择那些质地较坚硬，风化程度不高，有一定的裂隙，易于攀爬的路线作为攀爬通过的线路，这样不仅可以保证攀岩者的人身安全，而且还可以加快攀岩速度。

二、丛林地区行进有什么要领

穿越丛林的时候，一定要选那些最安全、阻碍最小的路线。在选择路线的时候，最需要考虑的因素是环境、天气、地形。

1 最宜选择水路

通常来说，阻碍最小的路线常常是水路。如果条件允许的话，尽量不要越野穿行，最好能找到一条溪流，可以沿着溪流往下游走，最终找到较大的水域。

涉水

沿着溪流行进可能要涉水、绕路、穿过稠密的植被等。即使环境特别陌生，只要找到了一条溪流，并沿着它不断前行，必然能够找到一条明确的路线。而且，这条路可能通向有人烟的地方。

2 披荆斩棘

热带丛林中藤蔓竹草交织，使人无法通行，经常需要用砍刀开路行进。如果有横竹挡道，需要用刀砍断。竹竿较硬，砍时用力要均匀干脆，力求一刀砍一棵；对于小竹子，应采用分、压、拨、钻的方法通过。穿过茅草地时，也可用砍刀开路法。这里需要特别强调的是，用的砍刀的刀把要长，开路的要点是“刀磨快，把握好，三砍两拨就成道”。另外，行走在丛林中，一定要踩着大型野兽踩出的路走，这样可以避免进入危险地区。

3 做好安全防范

在丛林中行进，为了防止虫咬，必须穿靴子，另外，也要扎紧裤腿和袖口，并戴上手套。为了防止毒蛇，在行进过程中还要留意树上是否有毒蛇。在休息的时候，也要观察周围环境确保安全。当遇到毒蜂时不要惊慌，应就地蹲下，用雨衣遮住皮肤暴露部位，也可燃烟驱赶或跳入水中。其中，最需要保护的身体部位是眼睛。

在丛林中行进

4 计划每天的行程

在丛林中行进，要计划好每天的行程，不仅要有安全、舒适的营地，而且还要保证充足的睡眠。另外，只要情况允许，尽量在白天前行。

三、雪地行进有哪些要领

雪地相比较山地来说更加难于行走，在雪地行进不仅要注重脚下安全，还要时刻观察有无发生雪崩的迹象。

1 做足“功课”再出行

在冰川和雪坡分布区，通常海拔高，气候寒冷，天气多变，在这些地区进行野外出行和探险等活动，事前应认识和掌握这些地区的环境特征，做好充分准备，选择正确的行进路线，注意节省体力和保暖。在历次冰川及雪坡探险者遇难事件中，不少事件是由于探险者对探险区认识不足、没有充分准备，选择行进的天气和路线不理想，体力消耗过大，保暖措施不够等因素所致。

2 小心穿越危险地带

在攀登冰川和雪坡的时候，一定要特别谨慎。

（1）结伴过冰山裂隙。

冰川上裂隙很多，其中对人威胁最大的是冰瀑区和山麓边缘冰裂隙，特别是被积雪掩盖的隐裂隙最危险。在通过这些裂缝的时候，应当多数人结伴行动，彼此用绳子连接。在前面开路的人，要探测地形虚实。后面的人一定要踩着前面人的鞋印走，这样可以保证所有人的安全。如果需要通过裂隙上的冰桥或雪桥，则需要匍匐前进。

雪地

（2）过雪坡应小心再小心。

在雪坡行进的时候，不仅要注意冰川裂隙，还要注意不要将雪蹬塌。特别是在那些冰面和积雪山坡交界的地方，积雪往往很深，一定要结伴而行。在过雪桥的时候应先探测雪桥虚实后，再行通过。如果感觉雪不结实，但又必须通过的时候，则可以匍匐前进。在攀登坡度很大的雪坡的时候，一定要两脚站稳后再移动，向前跨步时，要用前脚掌踏雪，踩成台阶再移动后脚。如果不小心滑倒，一定要立即俯卧，否则可能导致不断下滑。

（3）勿吞食冰雪来解渴。

攀登冰川雪坡，要少走有裂隙的地方，尽量走那些雪比较硬的地方，如果感觉走热后口渴了，不要用冰雪解渴，因为骤然吞食冰雪会引发喉头炎。如果感觉特别口渴，那就用融化的冰雪来漱口，这样可以使口渴得到缓解，尽量不要咽下去，因为它会增加人体循环器官的负担，对体力产生影响。

（4）不妨做双“雪鞋”。

攀登冰川雪坡

为了在雪地行走方便，可以用树枝做成“雪鞋”，基本的方法是将树枝用火烤成U型，再用绳子绑紧，套在鞋上。在穿的时候应注意用绳将鞋尖和鞋跟部分捆在前横带和后横带上。如果捆不紧，会妨碍行走。绑扎的绳扣要系在鞋的上部或外侧。在松软的雪地上长时间行走时，要跨大步，这样可以缩短在雪地行走的时间。在行走的时候要先把脚步往后稍退一点，再向上抬脚大步迈向前方。脚后退可以使雪鞋前后有活动余地，向前迈出时还可以起到拂雪的作用。走陡坡时要用雪鞋内缘踏坡，尽量避免身体偏向外缘。雪冻结得十分坚硬时，要脱掉雪鞋步行。

（5）山谷中行走时要走中心线。

如果是在山谷中行走，应靠近山谷中心线，这样可以避免山坡滚石。千万不要接近雪檐，因为可能会发生雪崩，无法保证人身安全。

（6）过雪崩易发地带的方法。

如果需要经过雪崩易发地带，则应注意以下几个方面：

预先松开背带，以备必要时扔下大背囊和其他装备，以保障行动自由；摘掉妨碍视觉和听觉的风雪帽，尽早发现雪崩征兆；避免横向通过有危险的雪坡；避免射击等会产生声响和震动的行为；避免跌倒等冲击雪面的动作。

如果不小心被卷入雪崩，那么，应在移动的雪流中全力地反复做游泳动作，力求浮到雪流的表面上。否则，在雪崩停止之后，手脚将很难活动。

四、如何安全地渡过河流

在登山过程中，常常会遇到各种各样的河流，因为自然条件比较复杂，所以需要观察好路线，可选择水浅、水流平缓的地方渡河。过河时最好穿鞋防止脚受伤。如果河底都是淤泥，可以选择赤脚过河。如果水流比较急，则要有一定的保护措施。通常来说，渡河方法有以下几种。

1 徒步涉水

（1）单人渡河。

可用一根长棍，撑着河底过河，木棍的支点应在上游一侧，与两脚成三点支撑。过河时移动的动作要慢，幅度要小。如果水流湍急的话，要在腰上系保护绳，以免被水流冲走。

（2）双人渡河。

两人面对面站立，双手相互搭在肩上，做侧跨步前进，注意两人要步调一致。

（3）多人渡河。

多人要站成一列横队，互搭肩膀面向对岸前进，也可以围成一个圈，互搭肩膀朝着水流方向转动前进。

2 制作筏子

如果遇到水面较宽、水深、水流急的河流时，要制作筏子来作为渡河工具。

3 架设独木桥

当遇到河面不宽而水深、水流急时，可选用较粗的木材架桥过河。在桥架好之后，让一个水性比较好的队员先过去，做好保护措施之后，其他人再一一过河。

竹筏子渡河

4 借用牵引绳渡河

当登山途中遇到水流湍急，河底多碎石，水温低，水深，河面不宽的河流时，可先将绳的一端固定在河岸的大树上，由一人绕道或涉水过河，将绳的另一端固定在对岸的固定物上，使牵引绳在两岸的固定点之间有一定的高度差，其他人可用牵引绳滑行渡河。

如果登山者的水性比较好，可以在夏天游渡。在冬天的时候，游渡前需要把全身衣服都脱掉，过河之后马上穿好，以防冻伤。

五、野外行走的常识是什么

野外行走是区别于都市生活的一种新型休息方式，虽然会遇到很多困难，但是体验过野外行走的人都会有很大的收获。

出行之前需要做好充分的准备，其中最为重要的就是学习借鉴一下野外生存的常识和经验。在这里为青少年朋友简单介绍一些常识。

1 给脚选择一双舒适的鞋

有经验的登山者在出发前，一定会先做好脚部的准备工作，特别是保护自己的脚。而保护脚的最佳措施是选择舒适的鞋子。

（1）鞋子必须要合脚，最佳选择就是登山鞋。选择登山鞋时应考虑它的防水性、鞋底的硬度、鞋子的重量及软垫的缓冲能力等。通常来说，好的登山鞋应能使行动中的身体保持平衡，并有力地支撑躯体的重量，更能保护脚踝、脚跟与脚趾。

（2）要注意鞋子的松紧度。如果鞋子太紧，则会影响人体的血液循环，导致脚太冷而容易被冻伤，如果鞋子太大的话容易磨出水泡。总之，鞋子的舒适

溯溪鞋是穿越峡谷的利器

度是最重要的，它直接关系着野外行走的成败。

2 行进中让身体的重心稳定

脚承受着全身的重量，如果步行方法不科学，双脚很容易疲劳，因此，行走技术也是至关重要的。

（1）两脚完全着地时重心分散在两脚上，但当步行时，重心是移动的。一般重心会由脚跟移到脚尖。身体前倾，脚轻松、自然地向前移动，才不会容易疲劳。所以，要想不疲劳，就要充分运用脚跟、脚尖、脚掌，保持身体重心的稳定平衡。

美丽与危险并存的峡谷

（2）在登山前进的时候，登山者要利用两臂的自然摆动，保持重心的平衡。

（3）腰部的平稳对维持身体平衡也很重要。特别是登山者大都背着比较重的背包，一定要让背包紧贴背部，否则就会影响身体平衡，不利于前行。

（4）在登山的过程中要保持稳健的步伐，走山路时不能过快，否则就会导致步伐不稳。

在登山步行的时候，一定要稳定腰部以支撑膝关节和脚底，再将重心置于整个脚掌，配合上半身的倾斜及手臂的摆动，保证步伐稳定。

3 保持适合的步幅和步频

因为每个人的身体条件存在各方面的差异，所以步幅也大小有差别。在行走的时候，步幅不能过大，也不能过小，而要根据自身的实际情况来保持一定的步距。当然，这需要一定的节奏和速度，这对于走山路的人来说是非常重要的。保持肌肉的收缩与关节屈伸的规律性，是长时间徒步最需要注意的。千万不能一会儿快，一会儿慢。即使是走上坡路，也要有一定的节奏。

如要加快脚步，则需加大上身的倾斜度，并使膝关节稍加弯曲，且加强手臂的摆动，以缓和两脚所受的冲击和保持身体的平衡。在凹凸不平的山路行走时，要利用脚踝、膝关节、腰部缓和脚底所受的冲击。

4 保证深而有效的呼吸

在走山路的时候，应尽可能采取深缓的呼吸，并使呼吸和步伐的快慢保持一致。如果呼吸太快，可能导致身体疲劳，而且会使登山步伐失调。如果背负着很多东西行走时，深缓的呼吸变得更加重要。

如果是刚刚学登山的人，那需要借助负重训练，在经验丰富的登山者的指导下再进行山路行走。相信经过一段时间的锻炼，一定能学会正确的登山步行方法。

六、团队行走的原则是什么

野外活动，大多是以团队方式进行的，这样，要考虑的事情就会很多。如何组织才能使行进效率更高，如何更好地发挥团队精神，这都是要考虑的事情。

① 合理组队

合理组队是成功的前提，要制订周详的登山计划（不管大家如何熟悉线路都必须要有一个计划）。首先要指定领队，领队必须具有卓越的登山能力。应由一个对路线很熟悉的队员带头，并且由一个比较强壮、体力好、对路线熟悉的队员收尾。领队应严格审查参加者人数与参加者的能力是否符合此次登山的条件，千万不能忽视参加者的能力而来者不拒。

② 保持间距

行进过程中要注意保持间距，最少相距三五步之遥，给前后队友留一点空间，不要步步紧随。特别是在有松散石头的陡坡行进时，更要注意拉开距离，以防滚石。

③ 努力跟上队友

切勿落后太多，以免和队友失去联络。如确实难以坚持，则要求休息。另外，如队中有足够的有经验及熟悉路线的队员，也可分成两队。体力好的组成一队，先到达目的地做好扎营准备，体力差一点的组成一队随后跟上。值得注意的是，每一队都应安排领头和收尾人员。

4 队友间信任是第一位的

队友间要互相信任，互相帮助，注意言谈举止，发扬团队精神。另外，途中可讲讲笑话，大家开开心心，疲劳感就会渐渐消失得无影无踪。

5 小心树枝

穿越灌木丛时要注意前面回弹的树枝，尽量不要跟得太近。当推开挡路的树枝要放手时，务必先回头看看，并附带提醒“小心树枝”，切勿打到后面的队友。

6 给队友让路

停下来系鞋带、调整背包、照相或欣赏风景时，要尽量让到路边，不要阻碍队伍行进，事后要加快跟上。在路窄的地

野外的灌木丛

树上做记号

方要超过队友时，须先告知对方，并注意不要发生碰撞，切勿用手肘硬挤上前。

7 岔路口画记号

遇到岔路口，一定要做好标记，可画箭头，也可用石头做记号。记得标记要明显易懂。

8 懂得避让其他登山队

和迎面而来的登山队交会时，要有礼貌。依据传统，下山队伍须礼让到一边，让上山队伍先行。若是地形十分陡峭，或是下山队伍人数较多时，上山队伍暂让一旁也是比较妥当的。

第三章 野外出行之生存技能

一、在野外如何寻找水源

水对人体是非常重要的。所以，在野外出行时，最为重要的是解决水的问题。那么，如何寻找水源呢？

1 利用五官功能找水源

（1）听。

在前行过程中，应当多注意山脚、山涧、断崖、盆地、谷底等是否有山溪或瀑布的流水声，有无蛙声和水鸟的叫声等，特别是在凌晨或有雾的早晨，要注意倾听。如果能够听到这些声音，说明水源就在周围。

（2）嗅。

尽可能地注意潮湿气味，或因刮风带过来的泥土腥味及水草的味道。然后沿气味的方向寻找水源。

（3）看。

观察动物、植物、气象、气候及地理环境等也可以找到水源。通常来说，山脚下往往会有水源。另外，在干河床的下面及河道转弯处的外侧，往往再向下挖三四米就能找到水

沙漠中的绿洲

源，但是，如果要饮用的话，必须要将水净化处理干净。

2 观察地面找水源

一般来说，夏天的地面非常潮湿，但是只要仔细观察就会发现，那些很长时间都晒不干的地方，地下水位是比较高的。在秋季，地表有水汽上升，凌晨有薄雾，晚上露水较重，且地面潮湿，表明地下水位高，水量充足；在冬季，地表的缝隙处有白霜时，表明地下水位也比较高；春季解冻早的地方和冬季封冻晚的地方以及降雪后融化快的地方，也表明水位是比较高的。

3 观察植物找水源

一般来说，生长着香蒲、沙柳、马莲、金针、木芥的地方水位比较高且水质较好；生长着灰菜、蓬蒿、沙里旺的地方，也有地下水，但水质不好，带有苦味或涩味；初春时，如果同一地域其他树枝还未发芽的时候，而有一些地方的树枝已发芽，表明此处有地下水；入秋之后，同一地方其他树叶已经枯黄，而独有一处树叶不枯黄，则此处有地下水；另外，三角叶杨、梧桐、柳树、盐香柏等植物只长在有水的地方，在它们下面定能挖出地下水。

4 观察动物找水源

在夏季，蚊虫聚集，且飞成圆柱形状的地方一定有水；有青蛙、大蚂蚁、蜗牛居住的地方也有水；另外，燕子飞过的路线和衔泥筑巢的地方，都是有水源或地下水位较高的地方。

5 观察天气的变化找水源

天空出现彩虹的地方，肯定有雨水；在乌黑、伴有雷电的积雨云下方的地表区域，肯定有雨水或冰雹；总起浓雾的山谷也是藏有水源的。另外，如果特别需要水，也可以收集露水。

水量充沛的大溪谷

6 直接从植物中获取水

森林深处的溪流

如果位于南方地区，野芭蕉就是很好的水分来源，只要用刀从其底部迅速砍断，就会有干净的液体从茎中滴出，可直接饮用。另外，野芭蕉的嫩心可以当作食物食用。

如果能找到藤本植物，也可从中获取饮用水。在春天，树木正在发芽的时候，可从一些乔木的树干及枝条中获取饮用水。但是，切记不要饮用那些带有乳浊液的藤或灌、乔木的汁液，因为这些液汁有毒。另外，在获取这些植物的水之后一定要立即饮用，存放时间不要过长。

7 其他方法

如果身处野外，最好不要饮用从杂草中流出的水，但是可以饮用那些从断崖裂缝或岩石中流出的清水。如果想要饮用河流或湖泊中的水，可以在水旁的沙地中挖个小坑，这样获得的水更干净。如果所处地区有矿山，不要饮用那些被矿山的矿物污染的水源。如果发现河道中的水变颜色了，出于安全考虑，不要饮用。

如果实在找不到水源，还有一种较为方便的取水办法，即用一个塑料袋套在树枝上，将袋口扎紧。因为温差的原因，树中会蒸发出水分，等到水分越来越多后，就可以取下来饮用。这是非常好的一个方法，值得一试。

二、野外如何净化水

通常在野外中找到的水源不一定干净。山区的水也有被污染的可能，如动物的尸体、粪便等污染水源，水里还可能有大量的细菌和变形虫等，所以，在找到水源之后，不要立即饮用，即使是极为干渴。如果情况允许的话，一定要对水进行消毒，以免因为饮用了不干净的水而中毒或者是染上疾病。

这里介绍几种简便可行的野外处理水的方法。

1 沉淀法

（1）明矾净化。

将水收集到盆或存水容器中，放入少量的明矾（一般参加野外探险活动要多带一些）并充分搅拌，沉淀1个小时后就会得到清澈的饮用水了。

（2）牙膏净化。

如果没有明矾，在水中挤上少量的牙膏，搅拌后也会有同样的效果，因为牙膏对水中的悬浮物有较强的沉降作用。

（3）植物净化。

将榆树、桦树、椴树的树皮或枝叶捣碎（沙漠地区可用仙人掌），在水中搅匀沉淀后，也能得到较为干净的水。

沉淀法也可以与煮沸法结合起来使用，煮沸消灭病原体，沉淀清除悬浮物。

2 吸附法

（1）炭吸附。

药用炭对水中的悬浮物和重金属有很强的吸附作用，在水中放入药用炭能有效净化水质。如果没有药用炭，也可以利用篝火燃烧后剩下的木炭。注意选择木炭时要选择相对坚硬的，否则净化后的水还要过滤后才能饮用。

（2）茶叶吸附。

茶叶也有吸附的作用，如果身边带有茶叶，可以用来泡水喝。冷水泡茶的时间要长一些。

3 过滤法

当水源比较混浊，有悬浮物、虫卵、蠕虫及昆虫幼虫等生物时，应选择用过滤法来净化水质。

（1）丝袜、手帕过滤器。

可以用女生的长筒丝袜、手帕等制造一个过滤器。重复过滤几遍后，就能得到相对干净的水。

（2）矿泉水瓶过滤器。

如果有条件的话，最好用一个矿泉水瓶做一个过滤器：把瓶底割掉，将瓶口向下，在瓶里依次填紧木炭、干净的细沙；然后将水慢慢地倒入自制的简易过滤器中，等过滤器下面有水溢出时，即可用盆或水壶等容器将过滤后的干净水收集起来。如果过滤后的水清洁度还是不够令人满意，可以重复过滤。

如果没有矿泉水瓶，也可以用其他类似的容器。关键是细沙、木炭等要交替放置，压紧。

4 渗透法

在水产养殖场，会发现水池旁大多有过滤池，让养殖用的水从过滤池中的沙、石、土的缝隙中自然渗出，然后将渗出的水放入养殖池。

利用这个原理，如果在野外发现水源里有悬浮物或水质不清时，可以在离水源一定距离的地方向下挖一个坑，让水自然渗透到坑里，坑里的水就比池塘里的水清洁许多。

三、野外如何生火

在野外，火有着很大的用途：将食物煮熟；释放热量，减少人体的热量散失；烘干衣服；吓跑危险的野兽；通过烟熏以延长肉食的保鲜时间；烟雾可驱走害虫；发出求救信号；还可以用火煅烧金属、打制工具等。可以说，野外生火能力的高低可以决定一个人在野外生存能力的强弱。所以，我们在野外出行前，一定要准备好生火的工具，并掌握好生火的方法和技能、炉灶的搭建、野外煮食的要领、篝火的点燃等，并谨记野外用火的注意事项。

1 寻找引火物

如果想要燃烧，则需要一定的引火物。这些引火物在生火之前就要准备好，否则很难及时找到引火物。

（1）干草、小树枝、枯树叶、小木块都可用来引火。如果碰到下雨天，可以选择树底下或岩石下的干燥引火物。

（2）因为针叶松的干果和落果通常是多树脂的，所以特别容易引火。枯死的松树的节子上常有“松树油”或树脂，容易燃烧，即使是在下雨天也可使用。

（3）如果所在的地方没有树，则可以选用拧成绳的干草、枯死的灌木、干煤泥、油页岩、含油的沙土、动物的干粪便和动物油来作为引火物。

（4）如找不到干燥的天然引火物，可利用棉衣里的棉絮、药箱里的绷带、口袋里积聚的绒毛等作为引火物。

2 捡拾干柴

干柴要选择干燥、未腐朽的树干或枝条，要尽可能选择松树、栎树、柞树、桦树、槐树、山樱桃、山杏之类的硬木，因为这些硬木燃烧时间长，火势大，木炭多。除此之外，还可以选择干枯的竹子，但是在燃烧竹子之前一定要将其劈开，防止爆炸发生。不要选用那些贴近地面的木柴，因其湿度大，不易燃烧，且烟多熏人，燃烧效果也不好。

野外取火

3 清理出用火区

用火区要求避风、平坦、干燥，并将其周围直径2米以内的枯草和堆积物清理干净，直至露出地面的土壤。如果地面潮湿，则要先用树木搭建一个平台，上面铺上一层沙子或石子后生火。用于点火的枯草和干柴稍微多留一点，其余的则放在离生火地点稍远的上风向空地处。

4 防火措施不能少

野外生火容易引发山火，特别是在干燥的季节里，所以我们一定要做好防火措施。除以上提到的清理用火区和将多余的木柴放至安全的地方外，还要在火堆旁边准备好一桶水、一堆沙子或一堆湿润的泥土，以备火势难以控制时能及时灭火。

5 开始生火

将引火物放置中间，上面轻轻放上细松枝、细干柴等，然后用火柴或打火机点燃引火物，随后根据火焰的情况，适当添减干柴；也可利用石块支起干柴，或把干柴斜靠在岩石壁上，在其下面放置引火物后点燃生火。

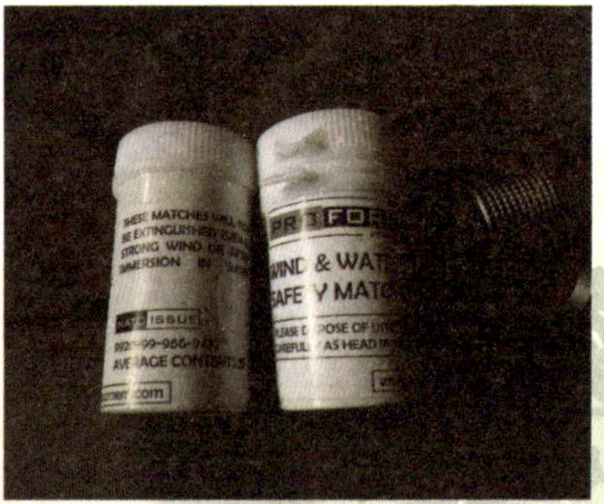

防风防水火柴

四、野外如何搭建炉灶

取火的最终目的是用火。学会如何生火后，还要学会建造各种炉灶的方法，尤其是在燃料不足的情况下，建造一个炉灶可以集中热量，节约能源，因为单纯的篝火消耗的能源太多。

① 简易避风火炉

如果周围风比较大，可以在地上挖一个坑，深度以火苗不被吹灭为宜，然后在坑里点燃火堆，这就是一个最简单的避风火炉，它能有效避免风的干扰。

野外烧烤食物

② 蛇形火炉

蛇形火炉也有很好的防风效果，但建造起来比较麻烦。找一处土质比较厚实的土坎，在背风的一侧挖一个深约半米的洞，洞口大小可根据燃料的大小而定，然后用一根细木棒从土坎上面插入洞中，做成一个通风的烟囱，就可以在洞里点燃燃料了。这种火炉可以用来取暖，也可以用来烘烤食物。

3 简易火炉

简易火炉

建造简易火炉的方法很多，但需要充分利用身边的各种易取器材。找一些小石头，将它们垒成环状（高度最好不要低于30厘米），在环内将火点燃，再把锅架在石头上就可以烹制食物了。如果能找到几块砖头，也可以把它们垒起来，做成一个小灶。如果身边还有一个废旧的小铁桶，将其顶部去掉，再在其下部一侧开一个进柴的小口，就制成一个十分标准的火炉了。

4 八卦炉

这是民间常用的一种野外炉灶，在修建水库、桥梁、铁路等野外工地上，工人经常搭建这样的炉灶烧开水、做饭。由于这种炉灶的中心温度极高，填入煤炭可以融化钢铁，工人们根据《西游记》里的故事，称之为“八卦炉”。

搭建方法：选择大小相近的长方形石头，在点火地点摆成直径1米左右的圆圈，石头之间要留出5厘米左右的空隙，以方便通风。

第二层石头要压在底层石头的空隙上面，并稍微向圈里收缩，以此类推，堆砌七八层以后，一个高1米左右、上口内径40厘米左右的八卦炉就堆砌成了。

这种炉灶火力猛，热效率高，开口处热量集中，烧水、做饭都十分快捷；不用时，可以用泥土封住，能够长时间保持火源，较少的雨水也不能将其淋灭。在封炉期间，外面的石头有相当大的热量辐射，可以取暖、烘干衣服，石头之间的缝隙还可以烘烤食物。这种炉灶比较适合停留时间较长、地点固定的野外生活。

如果有足够的石头，时间也充裕，搭建一个这样的八卦炉，既可以满足烹饪、取暖、烘干衣服的需求，又省去了天天重新引火的麻烦。

5 马蹄灶

将石块砌成高约40厘米、内径约30厘米的半圆形，最上面一层向内收缩，以方便架锅。石块间留有缝隙，方便通风；开口处方便添柴，并朝向来风方向。

马蹄灶可以节约燃料，集中热量，有风天气还可以防止走火。

6 看山灶

长期在野外工作的人，如看护山林的、养林蛙的、种植药材的、打猎的、采药的、放蜂采蜜的、地质勘测的、生物考察的、考古的……这些人各怀野外生存的绝技。在这些人当中，有许多人需要较长时间住在同一个地方，他们除了要建立一个相对牢靠的庇护所外，还要搭建一个多功能的高效炉灶。

在搭建炉灶方面，可以模仿看山护林员常用的看山灶：

用石头、水和黏土搭建一个灶台，灶门开向季风方向，在灶门相反方向修一个火道（沉淀火星，防止走火），火道前竖立一个中空的枯树作为烟囱。

在所有野外炉灶中，看山灶是最节约燃料的，也是比较安全的，甚至有些地区的山民（长白山地区的朝鲜族）夏天也在庭院里使用这样的炉灶。这种炉灶不仅可以用来做饭、烧水，火道（山里人称为火脖子）还可以烘干衣物，灶膛里也可以烧烤。

五、在野外搭建临时住所的目的

在任何野外条件下生存，搭建住所都是首要任务，无论何时最先考虑的应该是搭建住所。

1 搭建住所是为了满足“需要”

如果提到现代家庭中的设施，你会列举出一个长长的清单。自来水、电灯、马桶等基础设施让现代生活非常方便，但是没有这些你也一样可以生存。你并不是真正地“需要”它们。在考虑搭建住所的时候，你必须分清楚什么是你需要的，什么是你想要的。

紧急情况下，搭建的住所一定要小，而且覆盖物一定要厚，以便屋里的热量不外散，外面的雨水进不来。但是在热带地区，空间应该适当大一些，覆盖的东西可以相应的薄一些。

在紧急情况下，搭建住所一定要省力和省时。首先要弄明白什么是必需的。无论处在什么环境下，首先确保安全，需

森林中宿营时应注意保护环境

要关注如下因素：

（1）冷。

（2）热。

（3）太阳。

（4）风。

（5）雨。

（6）危险的动物。

你需要考虑如何避免以上几个因素。想好你的营地该搭建在什么地方及其朝向，将遭遇危险的概率降到最低。

2 住所让“心”有归属感

搭建住所完全可以在不借用任何工具的情况下用双手完成。一个好的住所能够保持适宜的温度而不需要在整个夜晚都生火取暖。住所除了能保障生理安全外，还能稳定心理上的不安全感。那是一个你可以称之为“家”的地方，你可以坐下来思考自己所面临的问题，也是一个你在野外生存的避难所，更是一个你出发寻找食物、水和燃料的基地。

3 学会利用天然住所

有一种情况很可能会发生，那就是你必须寻找天然住所。比如在傍晚你可能已经没有时间搭建住所，或者由于疾病、饥饿导致身体虚弱而没有能力搭建住所。

天然住所就是任何存在于大自然中的、可以给你提供保

洞穴

护的场所。倒下的、仍然还有枝叶的大树能帮助你抵御风雨侵袭。在某些情况下，你还可以寻找天然的洞穴，然后放置一些干燥的树枝或草用来过夜。

在天然的住所过夜可能会是你度过的最难受的夜晚，但是不要忘记你的首要目标是生存。等到第二天的时候，你可以对你的住所进行改建或者搭建一个新的住所。

六、特殊环境下如何搭建庇护所

在野外有一些特殊的地带，在这些地方找不到天然的居所，也不适合搭建常用的庇护所，这时就需要根据实际情况来选择搭建一些特殊的庇护所了。

1 在冰雪环境下搭建庇护所

在寒冷地区开展探险活动，可以利用冰雪建立临时庇护所，建一个雪屋、雪窖、雪洞，并钻进去御寒。

我们可以采用下面几种方法在冰天雪地里建立临时庇护所。

（1）雪洞。

在挖雪洞之前，要看看当地的雪是否结实，以免发生坍塌。一般在极地、雪山和东北地区较容易找到适合挖雪洞的地方。

挖雪洞的方法：先在雪地上挖一个可以下去活动的垂直洞，然后再在洞的下方扩展，直到合适为止。如果雪洞建得好，在里面还可以点上蜡烛，使洞内的温度接近0℃。

简易小雪屋

进洞前，要准备好堵住洞口的大雪块和一根足够长的木棒。木棒的作用是用来疏通气孔的。在洞内，可以通过上下拉动木棒的方法保持气孔的畅通。关键时刻，还可以成为从雪洞中爬出来的辅助工具。

（2）在树下建立庇护所。

在塔形树冠的树林中（松树、杉树、柏树），最下面的树枝往往是最大的，并从主干向外延伸很长距离。下雪时，树枝上会堆积很厚的一层雪，但树枝的下面，尤其是靠近树干的地方会有一块几乎没有多少雪的区域，这个地方非常安全，可以建立庇护所。

2 在湿地上搭建庇护所

在探险过程中，有时找不到干燥的露营场地，不得不在潮湿甚至有水的地方过夜，为了避免潮湿对人体造成的影响和伤害，应当搭建一个隔绝湿地或水的庇护所。

如果周围有足够的木棍或竹竿，可以先搭建一个普通的“A”字形支架，然后在离地面一定距离的支架腿上，沿水平面量好尺寸，做一个方框形，并将其套在“A”字形支架的四条腿上，这个框就是“床”的基本平面，然后将收集到的干燥的树枝和草铺在上面，一个在湿地上的庇护所就建成了。

3 在热带雨林中搭建庇护所

在热带雨林中，一般搭建一个可以防雨的庇护所就能满足露营的要求了。

在热带雨林中，有许多生长着大型叶子的植物，如芭蕉、棕榈等，将这些植物的大型叶子收集起来后像放瓦片一样排列在预先做好的三角支架上，就可以搭建一个庇护所了。

4 在沙漠中搭建庇护所

在沙漠中搭建临时庇护场所是必不可少的，它既可以遮挡白天的酷暑，也可以抵挡夜间的寒冷。在沙漠搭建临时庇护所时，最好选择在清晨或傍晚，因为那时气温不高也不低，不会消耗太多的体力，而在白天，只能做一些修补工作。

在沙漠中，很难搭建长期使用的庇护所，因为沙漠中的沙子是流动的，既不容易找到搭建的材料也不容易固定庇护所。

荒凉的沙漠

在沙漠中露营，有许多切实可行的经验和技巧，如果能正确使用，能避开许多危险。

（1）搭建庇护所时，要了解并充分利用风向。白天可以把帐篷的四角卷起来，这样在休息时会更加凉爽。

（2）在沙漠地表以下半米的地方，其温度会比地面低20～30℃。所以，可以先向下挖半米深的一个大坑，再在坑的上面搭建庇护所，这样就可以摆脱酷暑的烦恼。

（3）双层的顶棚有很好的降温和保暖效果，特别适合在沙漠中使用。如果条件允许，应该尽可能把庇护所的顶棚建成双层。

（4）在沙漠中露营，要注意营地周围的灌木丛、岩石下面可能会藏有毒蛇、蝎子等危险动物，所以要事先检查这些地方，在搬东西或走路时都要小心。

卡拉哈里沙漠

七、怎样搭建帐篷

一旦完成了营地勘察之后，你就可以开始搭建帐篷了。不论是什么类型的帐篷，大致都遵循相同的搭建方法。

1 事先练习搭建

首先，你应该按照帐篷制造商提供的使用说明书上的步骤来搭建帐篷，特别是在首次搭建帐篷的情况下。当然，如果上一次搭建帐篷距今已有很长一段时间，你需要再次熟悉搭建帐篷的步骤。

建议你在出行前熟悉一下搭建帐篷的步骤（你可以在院子里或其他空地上练习），以便能够及时解决自己所碰到的各种问题。在出行途中，极有可能会遇到天气比较糟糕的日子，可能不得不在风雨交加时搭建帐篷，如果你能事先熟悉搭建帐篷的步骤和技巧，那么在野外搭建时就会更得心应手。如果你每次搭建帐篷的时候都遵循一致的步骤，经过多次重复练习之后，整个搭建帐篷的过程就会变得十分简单。

2 检查扎营处的地面

搭建帐篷也要选对地点

搭帐篷的时候，第一件要做的事就是检查你打算扎营处的地面。扎营处的地面必须平整，不能有可能会积水的坑洼。你还要检查该地的土质是否能让你轻易地将帐篷桩打入其中，你所选择的地块是否有很好的屏障来遮蔽大风。当然，帐篷也不能太过靠近屏障物，以免被屏障物上掉下的东西砸到。当你对该地块的位置基本满意后，下一步要做的事就是清除地面上的石头和树枝等尖利的物体，以免戳破防潮垫。此外，如果地面上有比较明显的隆起的小土块，最好也将其清除。

3 按步骤组装帐篷各部件

如果你所用的是一顶新帐篷，搭建的时候最好先阅读一下说明书并检查零件是否齐全。大多数帐篷的搭建都是按照先搭内帐后搭外帐的顺序，当然也并不全都如此，因此你最好还是先查阅一下使用说明书。一般来说，搭建帐篷的第一个步骤总是先组装帐篷杆和帐篷桩，然后，根据不同的帐篷类型，搭建的步骤可能会有所不同。搭建帐篷的时候，要确保将所有的拉链全都合上。

现在的帐篷，尤其是穹顶帐篷，帐篷杆都比较细。为了使帐篷更为稳固，可以在每根帐篷杆的连接处缠绕一些绷带，这样可以有效地防止这些连接处在强风的侵袭下被拽开。

八、如何保持营地的安全和卫生

在野营期间，你得更注重安全和卫生问题，特别是处在缺乏医疗设施的偏远地区。每一个野营成员都应该将自身的健康和安全问题放在第一位。

保持帐篷内整洁安全

1 保持营地整洁

在每晚睡觉之前，除了晚上和第二天早晨会用到的物品，尽量把其他东西都收拾好。

诸如斧头、砍刀、锯子之类的物品，在任何时候都不应该随地乱放。万一有人不小心跌倒在这些利器上，后果将不堪设想。因此，所有的工具在不使用的时候都应当妥善放好。此外，晾衣服的绳子不要绑在人们经常通过的两棵树之间。晚上的时候，最好在晾衣绳上挂一些浅颜色的东西，以便人们在夜间能够容易发现。

2 用火安全

如果你打算用营火烧煮食物，你得确保柴火堆的安全性。在天气干燥的季节里点火要加倍小心，以免引起森林火灾。在火堆旁最好堆放一堆沙子或泥土，紧急状况下可以灭火。

如果你是在煤气炉上烧煮食物，煤气应储存在避光的地方，远离火源、睡觉的区域。此外，不要在狭小密闭的空间里换煤气或把空煤气罐放在火堆上。

当你打算拔营离开的时候，一定要记得将火堆完全熄灭，不要留下任何火星。

3 食物卫生

营地中的某块区域应当专门作为准备食物的地方，这个地方需要保持干净。准备食物之前，双手要洗干净；用来烧煮的水要先用净水器过滤；避免苍蝇落在食物上。天气炎热的时候，诸如肉类这样的食物要在其新鲜的状态下尽快处理。此外，煮熟的食物也不能放太久，否则会滋生细菌。

4 帐篷卫生

如果你在某地的驻扎时间超过一个晚上，那么你得注意保持自己营帐的整洁和空气流通（如果天气条件允许）。如果帐篷并没有与防潮布缝在一起，你可以将帐篷墙壁的布掀起一点，以便于帐篷内空气的畅通。如果防潮布是和帐篷缝在一起，那么只能打开帐篷的门来进行通风了。此外，每天都打扫一下自己的帐篷。每天都将睡袋拿到帐篷外透透气，最好是在太阳底下晒一晒（至少1个小时）。晒完之后，将睡袋卷起来，等晚上睡觉的时候再摊开，以防有虫子爬进睡袋。

5 方便与洗漱

你可在营地的某处挖一个坑作为排泄大便的场所，每次排泄完后都要用土掩盖。至于小便，最好另外再找一处。不能让洗东西的污水直接流进河流或湖泊，最好挖一条渗水沟渠，让污水沿着这条沟渠排泄到河中，以利于过滤掉一些污染物和杂质。

6 垃圾处理

所有食物的废料和残渣都要及时进行焚烧和填埋处理。如果没有地方填埋，可以将食物垃圾装进塑料袋后扔进垃圾箱。存放垃圾的地点不能在睡觉的帐篷附近。

九、野外营地如何规划分区

在确定了营址之后，应根据当地的地形地势、水源的位置、营员的人数等合理规划营地分区，特别是那些有一定规模的营地，规划分区更为重要。

一个完善齐备的营地应划分为帐篷宿营区、用火区、就餐区、娱乐区、用水区（盥洗）、卫生区等，而简单的营地也应划分为帐篷宿营区、用火区和卫生区。

1 帐篷宿营区

（1）清理和平整场地。

先把帐篷宿营区打扫干净，将所有的障碍物清除掉，

临时的营地

不平的地方可用土或草等填平。如果帐篷宿营区是在坡地的话，坡度不要太大，否则，会影响舒适度。

（2）搭建帐篷。

合理选择帐篷的入口方向，依次搭建帐篷是建设帐篷宿营区的关键。其中，在建设帐篷宿营区的过程中，应当注意：

帐篷的入口要选择背风的位置。

依次搭建帐篷时，所有帐篷入口都应是同一个朝向的，也就是帐篷门都向一个方向开；帐篷之间应保持不少于1米的间距；在没有必要的情况下尽量不系帐篷的抗风绳，以免绊倒人。

为避免下雨时帐篷被淹，可在帐篷四周挖一条排水沟；围绕帐篷宿营区外围，用草木灰、生石灰或雄黄粉画一道圈，可有效防止蛇等爬行动物的侵扰；必要的时候，可围绕

开始搭建营地

帐篷宿营区设置警戒线或使用电子报警设备，防止野生动物的侵扰。

2 用火区和就餐区

通常来说，用火区最好和就餐区相邻，或直接就选用同一地方。

（1）用火区。

用火区通常选在土坎、石坎的地方，这样可以方便挖灶、建灶；为了防止引发火灾，拾来的柴火应堆放在用火区外或炉灶的上风向。

（2）就餐区。

就餐区最好能有一块大家可以围坐的草地，这样可以营造良好的就餐氛围。

3 娱乐区

娱乐区千万不要选择靠近悬崖的地方，如果有一块避风、平坦、远离枯草和干柴的空地，面积大小还能容纳所有营员，那就最好不过了；如果没有这么理想的地方，仅要求场地平整，以便开展各项集体活动即可。活动开始前，应注意清理场地里绊脚的东西；清理场地里易燃的干草枯枝，最好能在准备点燃篝火的地方清理出一个隔火圈；必要时，可在娱乐区外围拉上保护绳，以免发生意外事故。

4 卫生区

保护好野外的生态环境是很重要的。如果队员在野外随地大小便或乱扔垃圾，不仅会影响其他人感受大自然的心情，还会传播疾病，甚至会破坏野外的生态环境。所以，营地的卫生区建设就显得特别重要。

卫生区应设在宿营区的下风向，与主要活动区保持一定的距离，并远离水源。

沙漠中宿营

第四章　野外出行之应急脱险

一、遇险后"八字箴言"让你化险为夷

不管是不是马上要去旅游，你都应当牢固地树立安全第一的意识。如果你在旅游中突然遇险，不管是在高山之巅，还是在茫茫林海，不管是在浩瀚沙漠，还是在皑皑雪原，都应当记住并且实践八个字——顽强、冷静、团结、灵活，这或许是让你化险为夷的"八字箴言"。

1 顽　强

许多成功脱离了险境而获得重生的记录表明，生存有一个最重要的条件，就是要有永远不放弃努力、永远不向命运低头、永远不认输的顽强精神，这是战胜一切艰难险阻的精神支柱。其实，胜利的转机，也许就存在于"再坚持一下"的努力之中。

困境中的顽强，除了表现为积极拼搏的精神之外，还表现为乐观自信的心态。在困境之中，特别是在经过一系列努力仍未达到目的的时候，如果让绝望的情绪在自己的心里蔓延，就很可能会立即感到精疲力竭，其结果只会是

坐以待毙。

当然，困境中的顽强精神不是凭空而来的，它是以你的知识、能力和信心为基础的。记住，在困境中，你的每种本领和能力都会对你有所帮助。如果你能充分利用周围环境中的有利因素，能在平时注意学习和积累求生知识并把这些知识付诸实践，坚持锻炼自己的体能和随机应变的能力，那么，在困难面前你就会对自己充满自信，就不会被艰险所压垮，你的生存机会就会大大增加。

② 冷 静

在险情突然发生的时候，求生的欲望有可能会促使你做出不正确的选择，并影响你在最初关键阶段的活动，甚至可能导致失败的结局。经验表明，在紧急情况发生的最初6个小时之内（特别是在最初的几分钟内）做出的决定是能否生存的关键。因此，在遇到意外的困境时，只要时间允许，你应当做的第一件事是停下来，认清你在什么地方，考虑一下周围的环境和你现有的生活用具，做出你的行动计划，千万不要盲目地东跑西撞，否则只会把事情搞得更糟，要积极创造条件，对自己的身体加以保护。例如，如果是在冰天雪地的环境中，你应迅速决定修建简易的掩蔽所。同样，对生存的资源，如对水、能源和热量的慎重保存，也是帮你顺利脱离险境的重要因素。

③ 团 结

如果你是和伙伴们在一起，那么不要与他们分开。在这个集体中必须做的第一件事，就是指定一位指挥和副指挥，完全信任其领导和履行各自的职责，有这样的团体可提高生存概率。团体的生存在很大程度上依靠集体的力量和严密的组织。每个成员都应分配到适合各自能力的任务。好的指挥员应有减少惊慌、混乱和无组织情况的能力。每一个成员都不能争执，防止由于疲劳、饥饿和寒冷引起的散漫。协调和宽容可以提高士气和增强整体一致性，并会极大地提高生存的可能性。

4 灵 活

在你选定了对你有用的设备和用品以后，你可以随机应变地解决问题。这时应特别注意养精蓄锐，因为伤病会极大地减少你的生存机会。即使处在最坏的境地，也应自如地依照自己了解和掌握的野外生存技术和知识处理问题，这是你最好的安全保障。强调顽强并不意味着要“一条道走到黑”，要随时观察你的周围，及时发现可利用的新机会，在经过迅速地判断之后，你应果断、灵活地调整计划，争取更好的境况。

二、求救信号有哪些

在进行探险活动之前，最需要考虑的是如果紧急事件发生该怎么获得帮助。所以，事先一定要让他人了解你的计划和路线，一旦发现你出现了问题，他们可以及时采取措施。另外，当你出现困难的时候，也要向他们发出求救信号。

通常来说，有两种求救信号：一种需要使用特殊设备，另外一种只需借助于自然材料，这两种信号都可发挥非常重要的作用。

如果要去一些荒野地区，事前应当弄清楚那里是否有独特的求救信号系统。如果有的话，要学会使用它。另外，当你准备出发，最好携带一些特殊的求生设备，这些设备可能包括相关的信号设备。

1 基本求救信号

SOS是国际通用求救信号

在遇到困难的时候，发出的求救信号必须让人明白。SOS是一个国际通用的求救信号，它可以使用莫尔斯电码来传送，也可以用镜子或者手电筒通过照射传达，还可以用烟火来表示。除此之外，还可以写在地面上作为视觉信号来传送。

另外，也要学习一些国际登山求救信号，它包括用手电筒照6次和用哨子吹6次，或者挥舞某件东西1分钟，再停1分钟，然后不断地重复发送信号。任何看到求救信号的人应该用手电筒照3次，哨子吹3次或者挥舞物品3次来回应。

只有认真记住和使用这些信号，它才能在最关键的时候发挥重要的作用，帮助人们脱离险境。

2 视觉和听觉信号

如果营救人员乘直升机搜寻，被困者所需要做的就是找到足够大的信号来引起他们的注意，只有这样，才能在最短的时间内获得救助。

当然，为了保证视觉信号可以在各个方向都能被看清楚，它们都必须放置在空旷的地面上。在不同的时间要使用不同的视觉信号，声音信号是一样的。

如果被困地有汽车，尽量一直待在车中，因为车内是一个比较安全的栖身场所，特别是在夜间可以保护人免受野生动物的攻击。同时，车辆本身体积较大，可以从空中被看到，如果想要让救助者更容易看到，可以将一些颜色鲜艳的东西放在车顶或者车旁。除此之外，如果曾经将自己的出行路线告诉过他人，则更容易被救助。

3 特殊信号装备

如今有很多种紧急装备可以用来发送求救信号，这并不表示需要把所有的装备都带在身上，你必须找到最适合自己的信号装备。

（1）发报机。

这种传统的海上信号发送装备在陆地上也同样适用，但是发报机的覆盖范围有限而且需要依赖电池。在陷入困境之后，应当每天安排发报两次，这样可以帮助救助者进行准确定位。

（2）照明弹和烟幕弹。

通常来说，照明弹和烟幕弹可以从专卖店买到。照明弹能够发送视觉和声音信号，但是危险性特别大，所以在操作的时候要万分小心，千万不能让那些根本没有经过训练的人进行操作。

因为照明弹和烟幕弹在使用时会很烫，所以在使用的时候需要戴上手套。如果没有烟幕弹，可以通过点火来形成烟雾并进行求助。

发射照明弹

（3）手电筒和闪光灯。

手电筒可以用来发送信号，引起营救人员注意。闪光灯在打开之后，就会发出耀眼的闪光，在晚上，即使是很远的距离，也可看得很清楚。

4 自然信号

没有带任何专业信号设备在身边，你可以使用工具箱里的一部分工具或者其他任何自然材料，在地面上摆成“SOS”形状或者相关的地对空信号来显示你的位置。这种方法可以帮助被困

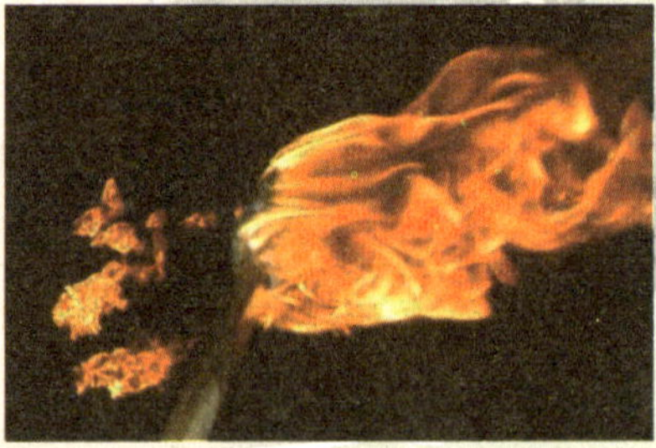

火光也是很好的求救信号

者发出求救信号。

5 火 光

在晚上的时候，最好的信号是火光。在白天的时候，如果你把长有鲜嫩叶子的大树枝放在火焰上，它会产生浓密的烟雾，这些烟雾也是很好的信号。

三、突然遭遇水害怎么办

水害是指一切与水有关的直接或间接伤害，包括洪水、暴风雨、冰雹、急流、海啸等。

1 自我救援方法

（1）在洪水到来时，如果来不及撤离，可以就近爬到结实的建筑物上面，但是别忘了带上求生必需品。

（2）如果不幸被卷入急流中，想办法抓住不会被冲走的树、石头等，先让自己停下来，环顾四周，然后再根据具体情况决定下一步怎么办。

（3）无论会不会游泳，想办法抓住一切可以漂浮的东西。

（4）如果什么利用物都没有，在沉下去前，先深吸气，然后憋气，再钻进水里。人体本身就有一定的浮力，在憋气时，可在水中漂浮。

（5）被冲到宽阔的水域，水流渐渐平缓时，可顺着水流的方向，斜着向岸边游，并快速上岸。

（6）在深水区，一定要脱掉鞋子和吸水后比较笨重的衣物。

（7）当船下沉时，应该提前下水，迅速游离它。因为船在沉没的最后时刻会形成巨大的漩涡，把人带入水下，很危险。当然，下水之前别忘了穿好救生衣，或者找到结实的漂浮物。

2 营救落水者的方法

（1）在水流比较急时，一定要先跑向下游实施搭救。到下游后应马上寻找最佳营救点，并做好自我保护，准备营救。

（2）如果落水者比较清醒，可以向他前方能够到的水中抛投木头、气垫等漂浮物，或抛绳子，并让其抓住。

（3）如果没有必要的保护措施，即使会游泳，也不要盲目下水搭救落水者。因为落水者这时都极度恐慌，他们看到施救人员便会死死地抓住，不仅妨碍救援，也会对施救人员的生命造成威胁。因此，下水救援时，一定要注意尽量不要

洪水泛滥

破坏性大的洪水

接近落水者。可以伸过去一根木棒让落水者抓住，也可以递给他一个漂浮物，总之，一定要让落水者手里有抓的东西，而不是直接抓住施救人员。

（4）如果有很多人在岸上，可以利用长杆和绳子保护救援人员。

（5）落水者被打捞上来以后，应马上实施抢救。先清除口中的堵塞物，再把落水者以卧姿放在膝盖上，倒出体内的水。如果没有呼吸及心跳，要进行人工呼吸和心肺复苏。

（6）尽早呼叫救护车。

3 远离水害的措施

（1）去野外之前，一定要收听当地的天气预报。在野外宿营时，先了解营地是不是容易发水，如果是，就要考虑以下问题：如果夜里发水，应往什么地方跑？那个地方会不会被淹没？要不要换个地方……

（2）雨季来临时，千万不要在干涸的河床上宿营，营地一定要搭建在地势高的地方。

（3）一旦洪水到来，来不及做其他的事情时，最简单的方法就是往高处跑。如果有时间，尽量带上火种、食物、衣服及可以信赖的漂浮物。如果没有高点或者来不及跑向高点，应该马上寻找可以信赖的漂浮物。

四、野外发生火灾怎么办

引起火灾的原因有很多，如雷电、火山、物理摩擦、化学反应、人为因素……

野外火灾主要是森林火灾以及在野外宿营的时候因为用火不慎而导致野营设施着火。通常来说，森林火灾的发生是在比较干燥的天气下，由人为原因引起的。这类火灾危害性特别大，它会毁灭树木植被，影响当地居民的正常生活。宿营地发生的火灾规模一般较小，但更容易对人员造成伤害。

1 做好防火工作

在野外生火的时候，一定要有专人负责。应当注意以下几点：生火地点要远离树木、草丛；不要在风口处点火；在有

山地生火远离树木

风天气生火要用石块、泥块垒好防火墙；干树叶会引起飞舞的火星，有风天气不要往火堆里添加干树叶；生火时，应在火堆旁准备好灭火的工具，如放上一桶水、准备好一堆泥沙土。如果突发自然火灾，需要马上报警，在这个过程中也要采取一定的救援措施。另外，人员要马上撤离火场，保证人身安全。

2 自我求生方法

（1）在遇到大面积火灾的时候，可以利用附近的地形逃生，其中水塘和河流是最佳逃生地点，其次是缺少植物的干涸河道、乱石岗。

（2）遇到草地大火的时候，一定要向来风方向转移，如果已经被大火包围，可以顶风逃跑。

（3）如果发现衣服已经着火，应马上脱下衣服拍打，如果无法脱下来，那就要在地上打滚把火扑灭。

（4）如果被火包围，无法逃脱，而附近的草丛又可以很快燃烧完，可主动烧出一块空地，并躲在空地上，这是一种逃生的好办法。如果大火连成一片，又确定无法通过大火逃出火海，可冒险就地挖掘地洞钻进去。

（5）遇有浓烟、有毒气体的时候，应避免被烟呛到。最好的办法是用湿手巾捂住口鼻，并尽量使身体贴近地面，这样吸入的烟就会少很多。

3 灭火方法

（1）火势稍小的时候，可利用就近的一些东西灭火，如水、泥土、湿树枝等。

（2）在火势凶猛、无法直接扑灭的时候，可以在火点周围砍伐树木、割草，这样就能阻止火势继续蔓延。同时，也可以通过火烧的方法烧出防火道。

五、如何应对突如其来的雪灾

雪灾亦称白灾，是因长时间大量降雪造成大范围积雪成灾的自然现象。雪灾主要发生在稳定积雪地区和不稳定积雪山区，偶尔出现在瞬时积雪地区。中国牧区的雪灾主要发生在内蒙古草原、西北和青藏高原的部分地区。

根据我国雪灾的形成条件、分布范围和表现形式，雪灾分为三种类型：雪崩、风吹雪灾害（风雪流）和牧区雪灾。

1 自我救援方法

（1）遇到暴风雪时。

如果在车里被暴风雪围困，应尽量把车开到有人活动的地方，不要离公路太远，更不能开到沟谷里躲避，那里可能会成为你的“坟墓”。如果在野外遭遇暴风雪，可立刻躲到一棵大树下面去，因为那里可建立庇护所，

雪灾

雪崩灾害

可就地取柴；或者就近寻找山洞；也可以就地用雪建立一个雪地庇护所。

（2）遇到雪崩时。

当突然遇到雪崩时，你应马上扔掉随身重物，使身体保持平衡，手脚以游泳状划动，保持身体位于雪面之上。被雪掩埋时，如果还能动的话你应冷静下来，让口水流出从而判断上下方，然后奋力向上挖掘自救，或者节省体力，当听到有人来时大声呼救。

2 营救他人的方法

（1）通过痕迹及注意各种不寻常的声音寻找失踪队员。

（2）确定某处雪下有队友时，以直线交错的方式挖沟搜索，同时注意遇险者的一切物品和标志。

（3）找到遇险者后，根据情况处理遇险者。如果遇险者已经停止脉搏和呼吸，应立即清除遇险者口中的雪并做人工呼吸和心肺复苏。

3 远离雪灾危害的方法

（1）在容易发生雪崩的天气和季节，不要去登山。

（2）在雪山活动或宿营时，选择不易发生雪崩的区域。在穿越雪地时，队员间应该拉开距离，并用绳索连接。在穿越时，一定要用登山杖或木棍探测雪洞。

（3）在暴风雪来到的时刻，如不能及时下撤，则应迅速找好庇护所，尽量收集食物、保暖物、引火物。遇到暴风雪时，一定要想办法留下标记，一旦发生危险，标记可以给救援者提供线索。

（4）用各种物品（通信工具、标志物、哨子等）保持团队的联系。

六、遭遇泥石流怎么办

泥石流是指在山区或者其他沟谷深壑、地形险峻的地区，因为暴雨、暴雪或其他自然灾害引发的山体滑坡并携带有大量泥沙以及石块的特殊洪流。泥石流具有突然性以及流速快、流量大、物质容量大和破坏力强等特点。泥石流常常会冲毁公路、铁路等交通设施，甚至掩埋村镇，造成巨大损失。泥石流一般发生在雨季，在雨中和雨后出现。

1 自我救援方法

（1）立刻向河床两岸高处跑。

（2）向与泥石流成垂直方向的两边山坡高处爬。

泥石流灾害

（3）来不及奔跑时要就地抱住河岸上的树木。

2 营救他人的方法

（1）如发现有人被困在泥石流当中，可以在泥石流侧面挖掘的方法营救。救援者应有绳索保护。

（2）如果有人发生休克、昏迷，应及时检查是否发生骨折或脑损伤，根据情况立即进行人工呼吸及心肺复苏。

3 远离泥石流危害的方法

（1）去野外活动前要了解、掌握当地的气象趋势及自然灾害预报。

（2）一旦听到连续不断雷鸣般的响声，应立即向两侧山坡上转移。

（3）在山地活动时，如果遇上大雨，一定要选择山脊、树木多的山坡通过，不要走两山之间的低谷。

（4）在穿越沟谷时，应先观察，确定安全后方可穿越。

（5）在雨季，尤其在下雨过程中，避免在山谷水流汇集处活动，也不要把营地搭建在沟谷的低点。

（6）当泥石流来临之前，要躲到离泥石流发生地较远的高地上，一定不要站在泥石流岸边观看，不要躲在河谷旁边的大石头后面。

（7）在雨季泥石流可能来临前，提前做好必要的物资准备。

七、遭遇风暴应如何安全脱险

所有的风暴都会对生命和财产造成威胁，但威胁最大的则是龙卷风和台风。

1 躲避龙卷风袭击的方法

龙卷风是所有风暴中最猛烈和最具破坏力的。就其主要特征来说，龙卷风是存在短暂的高速旋转气流的风暴。它可降至地面，在暴风云团中形成恐怖的形如漏斗的旋涡，其破坏力是由高速旋转的风和漏斗云中的负压导致的。它可造成建筑物倒塌、门窗破碎。龙卷风经常出现在温暖、潮湿、不稳定的气候条件下，一般在五六月份。但是，它也可能在任何时候、任何地方突然出现，所以要格外小心。

在接到龙卷风预警时，要立即躲进地洞或坚固的混凝土建筑物中隐蔽起来，茅草屋或小木屋不是躲避龙卷风的安全地方。如在野外开阔地，要立即从龙卷风经过道路的右边跑开，也可平躺在最低处或深谷中。假如时间允许的话，可挖一个防空壕，使你能低于地面隐蔽起来，避开龙卷风。

2 防范台风袭击的方法

台风是影响范围最大、最猛烈的风暴之一。它从热带海洋的温水中获取能量，风力时速可达322千米，足以拔树倒屋，吹断电线。在我国，台风主要活动于沿海的台湾、福建、浙江、海南、广东及江苏等地。

台风是一种由大型的右卷空气而形成的旋涡。因此，以台风口为中心，路线的右侧（东侧）比左侧（西侧）风速要快，范围也大得多，危险性也更大。台风能造成巨大的破坏，还能引起巨大而凶猛的洪水。台风登陆时，在太平洋一

龙卷风袭击

侧的海岸地带会刮起一股强烈的东南风或东风，海面水位上升，潮位也随着升高。这时海水异常高涨，会淹没广大沿海陆地，冲毁道路。但台风不会突如其来，气象台会预先发出警报，且台风的风势是逐渐增强的，我们有充足的时间做好预防工作。

（1）气象台发出台风预警后，不要启程远行或到海滩游泳，更不要驾船出海。在海上行驶时如遇到这种情况应及时靠岸，否则是非常危险的。

（2）如果你的所在地收到了台风预警，你要待在自己所处的地方。留在屋内是最安全的，不宜走到街上去。

（3）海边、河口及低洼地区的居民在台风来袭前，应尽可能到台风庇护站暂避。水上人家和渔民应把船只驶入避风

台风侵袭

港。汽车应停在停车间或隐蔽处避风。

（4）台风来袭时，切勿靠近窗户，尤其不要接近风吹来方向的窗户，以免被强风吹破的玻璃碎片弄伤。居所靠近高压线的人家，应尽可能临时避居他处，以保安全。要保护好户内的物体，用木板将门、窗堵住。准备毯子或大毛巾，万一窗户玻璃被吹破，可用来堵住风雨。

（5）强风过后不久，“风眼”在上空掠过，会平静一段时间，天空变得晴朗，风也暂时停止。这时要提高警惕，切勿以为风暴已结束，台风会以雷霆万钧之势从反方向再度横扫而来！

（6）台风过后，我们常常见到电线断裂或掉落，这些电线是带电的，千万不要触碰这些东西。尤其要告诫孩子：“危险！不可触摸。”

八、野外如何预防雷击

当在野外遭遇雷雨天气的时候，保护自己的总原则是：人体的位置尽量降低，以减少直接被雷击的危险；人体与地面的接触部分要尽量靠近，接触面越小越好，这样就可以减少跨步电压。

当雷电交加的时候，如果感觉到皮肤刺痛或头发竖起，这说明雷电将至，此时应马上进行躲避。

1 勿站在高大物体旁

如果身处树木、楼房等高大物体旁，应该马上离开。如果来不及离开，则需要找些干燥的绝缘物放在地上，然后坐在

雷电交加

上面，另外，要采取下蹲的避雷姿势，注意双脚并拢，双手合拢，切勿放在地面上。这里需要特别提醒的是，千万不可躺下，虽然高度降低了，但是“跨步电压”却增加了。

2 远离山洞口、大石下或悬崖下

在躲避雷雨的时候，不要站在山洞口、大石下或悬崖下，由于这些地方会成为火花缝隙，电流从中通过时产生电弧，可以伤人。最安全的地方是深邃的山洞里面。

3 避开金属物体

要远离铁栏及其他金属物体。并不是只有遭受直接的电击才会让人丧命，闪电击中导电体后，电能是在瞬间释放出来的，向两旁射出的电弧距离非常远，同时，炽热的电光使四周空气急剧膨胀，产生冲击波，而这些冲击波发出的声音就是雷声，如果距离冲击波比较近，强大的声波可能震伤肺部，如果情况过于严重的话，还会把人震死。

4 空旷野地蹲下较安全

雷击

雷雨天气的时候，如果身处较为空旷的地方，一定要马上蹲在地上，这样可减少遭雷击的危险。千万不能用手撑地，否则就会扩大身体与地面接触的面积，增加遭雷击的危险。在蹲着的时候应双手抱膝，胸口紧贴膝盖，尽量低头，否则头部可能会遭到雷击。

5 远离孤树

下雷雨的时候，最应当回避的就是空旷地带和山顶上的孤树与孤立草棚，因为它们易遭雷击。当然，这也不是绝对的，如果野外有片密林，在找不到避雷地方的时候，可以充分利用密林来避雷。但是选用密林来避雷也是有技巧的，千万不要站在树林边缘，最好选择林中空地，双脚合拢，与树保持一定的距离，可以很好地保护自身安全。

6 离开游泳的水域

如果在水中游泳的时候碰到雷雨天气，此时最需要做的就是赶快上岸离开。这是因为水面遭雷击的可能性非常大，而且一旦在水中遭到雷击，溺水的危险也会增加。与此同时，尽量不要待在没有避雷设备的船只上，否则遭雷击的可能性也非常大。

7 留在汽车内

如果正在驾驶汽车，应留在车内。车壳是金属的，有屏蔽作用，即使闪电击中了汽车，也不会伤人。所以，躲避雷击最理想的地方就是车厢里。

另外，雷电期间不能在户外骑马、骑自行车和骑摩托车。

九、如何预测天气状况

在野外天气状况对我们日常活动的影响很大，那么有没有什么办法能够预测天气状况呢？

1 观云识天气

通过观测云层来预测天气的变化，既有一定的科学依据，也是长久以来人们在日常生活中积累的经验。在我国的民间谚语中，有许多是告诉人们如何根据云层的变化来识别天气的。

“朝霞不出门，暮霞行千里”，就是告诉人们，如果早晨东方有彩霞出现最好不要行远路，因为天气很可能会变坏；而傍晚要是西方的天边出现了彩霞，说明天气状况不会发生明显的变化，可以放心出远门。

“日落火烧云，明朝晒死人”，说的是如果日落时出现

灿烂的朝霞

了红云或是火烧云，第二天一定是个大晴天。

通常情况下，云层越高，天气就越好。如果按云层不同种类来预测天气，主要有以下几种。

（1）卷云。

卷云由微小的水珠组成，一般出现在地表上空6000米左右，从外表上看它们像羽毛、丝带，所以又叫“马尾云”。

卷云往往预示着好天气。但如果是在寒冷的季节并伴有强劲的北风，可能预示着大风雪将要来临。

（2）卷积云。

卷积云的特征是成堆的白色云朵，看上去类似波纹状的鱼鳞，又叫作“鱼鳞云”。它通常出现在海拔5000～8000米的高空，预示着晴朗的天气。在一场暴雨之后，云层会被驱散，留下一片万里无云的蓝天。

（3）卷层云。

卷层云看起来如同一层白色的面纱，但颜色略深于卷云，那说明恶劣天气将要来临。

（4）积云。

积云比较容易识别，它如同团团的棉絮，距离地面较近，一般在海拔2500米以内。

如果积云彼此分开，漂浮在天空，那么就预示着一个美好的晴天；如果积云越来越大，越来越多，则很可能会带来一场暴风雨。

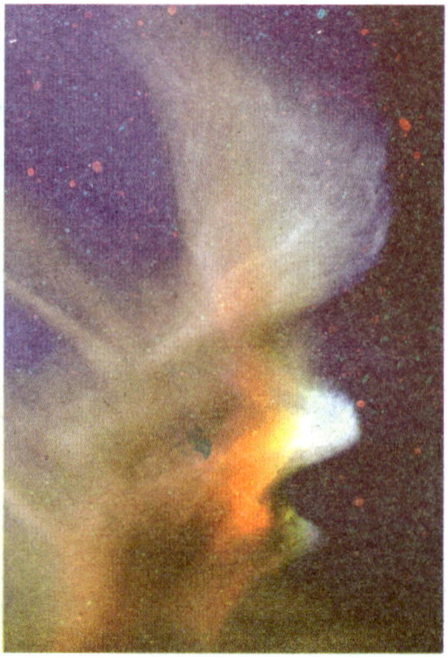
卷层云与卷积云

（5）积雨云。

积雨云是一种底层雷云，颜色乌暗，云层呈现塔形，高度可达6000米，远远看去，它们会呈现出底平顶圆的奇怪形状。

积雨云会带来强风暴雨、雷鸣电闪。

2 观雾识天气

民间有“十雾九晴”“早上雾蒙蒙，中午晒得皮肉痛”“早雾晴，夜雾阴”等说法，这些都是通过雾来反映天气变化的谚语。其实，观测雾和观测天气一样，都可以看出天气的变化。通过雾来预测天气是有科学道理的：一天之中，最冷的时刻应该是天刚亮之前。这时，空气中的水蒸气容易遇冷而凝结成雾，如果夜晚天上无云，地表的热量就会散失得快一

雾气弥漫的山谷

些，这样，第二天早上的气温就会低一些，出现雾的可能性也就大一些。而晚上无云又是晴天的象征，所以早上有雾预示着晴天；但如果晚上有雾就不同了，这是因为晚上的雾多是由于地面稀薄的冷空气使空气中低层的暖空气发生凝结形成的，而晚上的雾又会使云层增厚、增多，逐渐变为阴天。所以，晚上有雾预示着第二天不会有好天气。

3 观察动物识天气

自然界的许多动物对于天气变化十分敏感，如果留心观察它们的反应，可以预测近两天的天气变化情况。

（1）燕子低飞。

如果一些食虫鸟类，如燕子，在天空中飞得比较低，可能会有暴风雨来临，正如民间谚语所说：“燕子低飞过蛇道，大雨眼看要来到。”因为在晴天，燕子通常会在高空中捕食。

（2）蚂蚁忙碌。

蚂蚁搬家可能会下雨

蚂蚁对于天气的变化十分敏感，它们生活在地下，有的时候它们比别的动物更能感受到天气的变化。民间谚语说：“蚂蚁垒窝，要涨大水”“蚂蚁筑防道，准有大雨到”“蚂蚁搬家，天将雨”“蚂蚁筑坝阵，雷雨盈寸深”。如果看到黑色的长脚蚂蚁特别忙碌，纷纷出来寻找食物，并且很迅速地从洞里向洞外搬家，在洞口周围垒窝，还垒得很高，那么天气可能正在升温、气压正在下降或湿度正在增大。如果发现黄蚂蚁正在由低处向高处搬家，那么天气即将下雨；如果它们由高处向低处搬家，那么天气可能很快转晴。

（3）蜘蛛添丝。

蜘蛛靠织网捕捉小飞虫为食。如果你看到蜘蛛忙忙碌碌地在网上添丝，这说明天气可能会转好。因为在雨天，蜘蛛织的网因为天气变湿而受潮，黏度减小，很难捕捉到小虫。当天气要转好时，小飞虫会活跃起来，蜘蛛就会抓紧织网，捕捉飞虫。所以，蜘蛛添丝意味着天气转好。

（4）鼠兔存粮。

如果在白天你看见兔子寻找食物或是松鼠贮存食物，多预示天气可能会变得很糟糕。

（5）蚯蚓和蛇爬出洞。

蚯蚓和蛇都是比较怕雨的动物。在下雨前，潮湿的空气会使泥土的含水量增大，蚯蚓和蛇就会爬出洞寻找适合的环境。所以，民间谚语说："蚯蚓上路，出门有雨""蛇挡道，大雨到"。

十、如何防范野生动物的攻击

根据出行地点的不同，你可能会遇到不同的野生动物或海洋动物，这些动物都有可能伤害甚至杀死人类。采取明智的预防措施（包括接种疫苗、了解动物的习性）并且对危险保持警惕，有助于保护你免受攻击。

1 哺乳动物

大部分的野生哺乳动物都会避免接触人类，它们仅仅在感觉到处于危险的时候才会攻击人类，比如在它们受到惊吓时。在人类突然遭遇动物的时候，易发生动物攻击事件，因此要故意制造声响让它们知道你在附近。

雌性动物和雄性动物一样具有攻击性，它们在保护幼崽的时候更是如此。明智的做法就是尽量不要太靠近任何野生哺乳动物，也不要试图触摸它们。这一点对于像绵羊和牛这样的家畜同样适用，对于狐狸、鹿、熊和大型猫科动物也是如此。

熊不会主动寻找你，但是如果它们闻到食物气味的话，就会被吸引到你的营地中来。所以你得把能吃的东西都封存好，并且不能把任何食物放在帐篷里面。

假如真的有大型肉食动物靠近你，你应该缓慢撤退到安全地带。千万不要转身逃跑，因为这样可能会激发它捕食猎物的本能。

2 昆 虫

蚊子能传播许多种疾病，包括疟疾和黄热病。在热带地区出行的时候，除了要接种疫苗以外，你还应该穿合适的衣服，睡在蚊帐里，使用驱蚊剂来保护自己。

如果你被蜜蜂、马蜂或者大黄蜂蜇到以后产生超敏反应，可能有生命危险，所以一定不要在蜂巢附近搭营。

蝎子和毒蜘蛛是南美洲、非洲和大洋洲常见的昆虫，去这些地方的时候要保持警惕，仔细查看你所捡起来的东西和所坐的地方。每次使用寝具、衣服和靴子之前都要抖一下，而且

蚊子

一旦用完以后就要马上收起来。

3 蛇

蛇只在被踩到或者受到威胁并且难以逃离的时候才会攻击人。许多种类的蛇只在夜间出没，所以当你在黑夜行走的时候记得要带一个手电筒。没有毒的蛇要比有毒的蛇多得多。蟒蛇没有毒，但是可能会狠狠咬你一口，通常会让你感染发炎。只有最大的蟒蛇，比如森蚺，才会主动攻击人类。

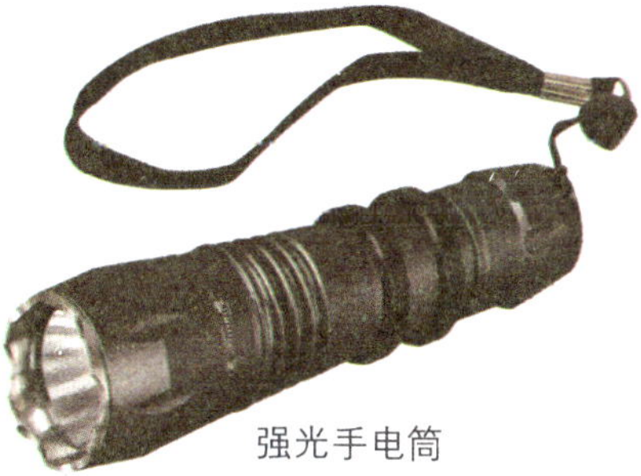
强光手电筒

4 蜥蜴、鳄鱼和短吻鳄

只有大型的蜥蜴对人类才有威胁，如尼罗河巨蜥和印度尼西亚科莫多龙蜥。生活在非洲、亚洲和大洋洲热带淡水水域的鳄鱼极其危险，如果看到它们的话要避开。美洲短吻鳄喜欢一动不动地等待猎物，但一旦移动起来，速度非常快。

5 水生动物

如果你踩在石头鱼身上，它们的背鳍就会喷射毒液，另外它们的刺也是致命的。盒水母同样也很危险，在水中很难看见它们，游泳的人无意中扫到它们的触须就可能会被蜇到。

鲨鱼生活在温暖的热带水域中，其中大白鲨很有攻击性，因为它们常常误把人类当作它们的主要猎物海豹。

十一、队友遇险时如何展开搜救

当队友遇到危险的时候，一定要保持冷静。只有保持镇静，才能想出救助自己同伴的办法。

1 营救队友的原则

（1）幸存者可能在自然环境中存活20天以上。在完全排查之前，或搜救时间没有超过20天之前，一定不能轻易放弃。

（2）开展大规模搜救之前最为重要的工作是信息排查，一定要了解失踪人员的行踪信息和个人习性。

（3）每个搜救地点都必须指定一人专门负责协调，统一指挥，全权进行人员调度。

（4）在搜救人力、资源、时间有限时，须对搜救地点的优先级进行选择。

（5）搜救人员在野外环境进行人工搜索具有一定的风险，搜救现场指挥官应该充分审视搜救环境。

（6）使用固定、醒目的符号对已经完成搜索的区域进行标记，这样可以节约时间和人力。

（7）充分调动政府应急资源，调用搜救犬、搜救仪器配合人工搜索。

（8）根据国际惯例，搜救行动通常配置两支以上的搜救分队，执行同一区域的搜救任务，以保障搜救区域的搜救完整性；每支搜救分队至少设队长和医疗急救人员，并力图做到队伍成员角色能够互换。

2 野外常用的几种搜索队形

为了能取得最好的效果，在大规模的搜索中，每个队伍都应当被部署在能最大面积地覆盖搜索区域的位置，调动所有成员的积极性。队长必须确定适合搜索区域地形的任务和队伍构成的最佳队形，并给每个队员分配他们在队列中的位置，指定他们负责搜索的区域。队列行进中，队长必须确保每个队员保持在队列中的位置并且保持警觉。常用队列能够适用于多种地形和情况，以下简单介绍几种：

（1）印第安纵队队形。

这种队形适用于搜索小路和狭窄的山谷地带；队伍沿小路，一个接一个，搜索小路及其周边区域，应当特别注意主要搜索半径；队长通常位于最便于控制队伍的地方，往往在队伍中央。

野外救援

（2）路侧拉网式搜索队形。

在地形和植被允许的情况下，路径搜索中效率最高的就是路径两侧拉网式搜索队形；这一队形中，队长在路径上，队员分置道路两翼，对路旁的地面进行最大限度的搜索。

（3）方块队形。

当搜索正面受到限制时，可以采用方块队形，这将在队伍无法充分展开的情况下，获得最大效果。在这种队形中，为了取得最佳效果，队长往往处于队伍中间，其他队员成对地排在队长的前方和后方。

（4）单队平行拉网式搜索队形。

平行拉网式搜索是在地形和植被允许的情况下进行，在对整个区域进行覆盖式的目视搜索时，可以采用这种搜索方式；单队搜索适用于一支队伍足够覆盖整个区域时；最简单的办法是一般队伍与某一特征物保持平行，然后不断前进；在这种队形中，队员们在起搜线上平行站位，队长位于队伍背后正中的位置。在队长指挥下，队伍从起点开始，直至整个区域搜索完毕。

第五章　野外出行之伤害自救

一、野外误食了有毒的食物该怎么办

在野外误食了有毒的食物怎么办？此时，首先要做的就是不要慌，要保持冷静。下面，我们可以了解一下中毒后的一些紧急处理方法。

1 认识食物中毒

只要是进食被细菌及其毒素污染的食物，或摄入含有毒性物质的食物以及食物本身的自然毒素，即指摄入了含有生物性、化学性有毒有害的食品，所引起的非传染性的急性、亚急性疾病，都属于食物中毒。食物中毒的特征是突然暴发、潜伏期短、易集体发病以及发病者均与毒性食物有明确的联系。当然，引起食物中毒的原因有很多，根据病原学，食物中毒可以分为以下几类：

（1）细菌性食物中毒。

感染型食物中毒，包括沙门菌属、变形杆菌属、副溶血性弧菌、致病性大肠菌属、韦氏梭状芽孢杆菌等引起的食物中毒。

毒素型食物中毒，包括肉毒梭菌毒素、葡萄球菌肠毒素等引起的食物中毒。

（2）真菌毒素食物中毒。

食入含有被大量霉菌毒素污染的食物引起的食物中毒，如赤霉病麦、霉变甘蔗等。

（3）有毒动植物食物中毒。

有毒动物食物中毒，如河豚、有毒贝类、鱼类组胺、动物内脏、腺体所引起的食物中毒。

有毒植物食物中毒，如毒蕈、木薯、菜豆、发芽的马铃薯、新鲜黄花菜、生豆浆、桐油、苍耳子、乌柏、白果、火麻仁等所引起的食物中毒。

（4）化学性食物中毒。

食物被某些金属、类金属及其化合物、亚硝酸盐、农药

白果

等污染，或因误食引起食物中毒。

2 食物中毒的表现

一般餐后少则半个小时，多则48小时就可发病。症状因进食的食物种类不同而异，总的来说有腹痛、恶心、呕吐、腹泻等症状。患者除有上述急性胃肠炎症状外，还有神经系统症状，如头痛、怕冷、发热、乏力、瞳孔散大、视力模糊、吞咽及呼吸困难等，中毒严重者可因腹泻造成脱水性休克或因器官衰竭而死亡。

3 食物中毒的急救处理

应立即停止食用中毒食品，对病人采取催吐、洗胃、清肠等急救措施。快速喝大量的水，用手指触咽部引起呕吐，然后吃蓖麻油等泻药清肠，再吃解毒药及其他镇静药，多喝水以加速排泄。由于反复呕吐和腹泻是机体排泄毒物的途径，所以在出现食物中毒症状24小时内，不要擅用止吐药或止泻药。需值得注意的是，人体水分大量散失可造成脱水，必须及时补充丢失的液体，如喝水或通过静脉补液。

二、体温过低该怎么办

人体散热大于产热时，可引起体温过低。体温过低最常见于寒冷季节，但若代谢性或活动性产热（发抖）不能维持核心体温时，也可发生于夏天或温暖季节。严重创伤后也可发生体温过低。体温降至35℃以下被认为体温过低，一般野外生存过程中意外落水、雪地迷路遇险时常有发生。

1 体温过低的救助方法

（1）在运送体温过低的病人时，需要特别小心，以保存病人体内余温，病人四肢不要做不必要的活动。

（2）既不要为病人按摩，也不要用雪摩擦病人身体。

（3）逐渐温暖病人的身体。首先不要脱去病人的衣服，而是用温水（不是热水）浸湿病人的躯干（不要直接在四肢浇水，否则会引起休克）。此外，可以用温暖的湿毛巾覆盖在胸部、后颈、腰部和腋下等处，让病人吸入温热的水蒸气。

（4）如果没有温水，可以将病人夹在两人之间用体温逐渐温暖病人，并为其戴上毛线帽，盖上被子保暖。

（5）病人昏迷时不断为其检查脉搏，如果发现心跳停止，立即采取心肺复苏措施。

寒冷的天气

（6）当病人的体温恢复到34℃时，可以在温暖的室内（如有火炉取暖的帐篷内）脱去其衣服，如果病人意识清醒，可以让其大量喝热的甜饮料。不要饮酒，也不要服用止痛片。

（7）如果病人的肌肉再次颤抖，说明病人已经脱离危险。

2 预防体温过低

野外生存预防体温过低的措施主要是防止体热的大量散失，其次是提高肌体对寒冷的适应能力。通常来说，可以采用以下几项预防措施。

（1）穿衣保暖。

防寒服隔热值高、携带方便，既能防风，又能防水，因此，御寒功能特别强。在野外环境中，夜晚的气温往往比较低，此时衣服要扎紧袖口、裤口，扣上领口，放下帽耳，戴好手套。这样可以起到很好的保温作用。另外，需要特别注意的是保持服装的通气性。同时，衣服不可穿得过紧，否则会让人感觉到更加寒冷。最好是能穿几层较薄的衣服，比只穿一件厚衣服有更好的保温效果。要保持衣服的干燥，如果湿了，一定要及时烘干。如果衣服上有冰雪，要及时抖掉。

（2）及时补充能量。

及时补充能量，食用高热量的蛋白质、脂肪类的食物。在寒冷的环境中，因为人需要保持体温，所以就加快了新陈代谢，同时，也加快了体力消耗。因此，只有增加营养物质的摄入量才能满足人体需要。如果天气过于寒冷，千万不要饮酒，虽然它能让人感觉到温暖，但是酒精使血管膨胀，增加了身体的散热，影响体力。

（3）暖身先暖脚。

一般来说，如果脚寒冷的话，浑身就会感觉到冷，所以鞋是非常关键的。鞋的材料要选通气性好的，如帆布鞋、运动鞋等。如果穿橡胶鞋，在脚出汗之后就会发生冻疮。另外，那些硬而紧的鞋子妨碍脚部的血液循环，所以发生冻疮的可能性也是比较大的。如果感觉脚趾麻木的时候，一定要好好活动活动，这样可以促进血液循环，同时也可以避免冻疮的发生。

（4）减少身体热量的散发。

如果发现体温过低，要及时采取措施防止身体热量进一步散发。主要方法是置身避风的室内，脱去潮湿的衣服，换上干衣；尽量减少皮肤暴露部位；避免接触导热快的物品。

三、中暑后如何救治

中暑是在高温和湿度大的环境中，以体温调节中枢功能障碍、汗腺分泌功能衰竭和水电解质丢失过多为特征的疾病。

对高温环境的适应能力不足是中暑的主要原因。根据发病机制和临床表现不同，中暑分为热痉挛、热衰竭和热射病三种。在气温较高（>30℃）、湿度较大（>60%）的环境中长时间作业或活动，未采取防暑降温措施，则易发病。

1 中暑的几种类型

（1）热痉挛。

高温环境下剧烈运动，大量出汗后出现肌肉痉挛，常在活动停止后发生，持续约3分钟后缓解；体温无明显升高；可能与大量出汗和饮用低张液体导致机体严重缺钠有关。

（2）热衰竭。

常发生于老人、儿童和慢性病患者，表现为疲乏、无力、眩晕、恶心、呕吐、头痛；可有明显脱水症，即心跳过速、低血压、直立性晕厥；呼吸增快、肌肉痉挛、多汗；体温可轻度升高。

（3）热射病。

热射病是一种致命性急症，以高温和意识障碍为特征。临床上分为两种类型，一种为劳力型，见于健康年轻人大量劳动后机体产热过多，另一种为非劳力型，见于散热障碍的老年人，常短时间内死亡。虽然中暑类型和病因不同，但是治疗方法基本相同。

2 中暑后的降温措施

（1）体外降温。

将患者转移到通风良好的低温环境，脱去衣服，进行皮肤肌肉按摩，促进散热；循环无障碍者，可用冰水擦浴或将躯体浸入27～30℃的水中传导散热降温；循环障碍者，可蒸发散热降温，如用15℃冷水反复擦拭皮肤或同时使用风扇、空调降温，有条件者可将患者

冰盐水可以洗胃

放在特殊的蒸发降温房间。

（2）体内降温。

体外降温无效者，用冰盐水洗胃或直肠灌洗，或采用腹膜或血液透析、自体血液体外冷却后回输等方法。

四、野外突然受伤了该怎么办

野外活动中受伤后应该怎么办？有哪些重要的急救原则，应该采取哪些初步的急救措施？相信以上这些问题是每一个野外旅行者关心的。接下来，就让我们一起来了解野外急救的一些常识吧。

1 野外急救的原则

（1）保持沉着、冷静。

在野外发生事故时，由于事故本身强烈的精神刺激，再加上各种恶劣环境因素的影响，遇险者和救援者的心理都会发生明显的变化，这些变化会给急救工作带来不利的影响，所以不管什么时候都应尽量理智地思考问题，并保持沉着、冷静，同时，行为不要偏激。这样有利于判明所处的环境及面临的各种危险，有利于运用已掌握的急救知识来处理各种问题，有利于正确应用各种装备使其发挥应有作用，也有利于自救或主动配合营救活动。

（2）全面估计形势，抓主要矛盾。

要全面估计形势：有多少人受伤？谁的情况最严重？是否有潜在的威胁（有无发生火灾和爆炸的可能）？急救时要抓

住主要矛盾，救命在先，做好休克的防治。

（3）迅速诊断，及时有效地进行处理。

应尽早对伤员的伤情做出诊断，有时伤情相当明显，例如头部创伤出血，而有时伤情却不明显，例如晕厥或意识不清。诊断后要及时有效地进行相应处理。

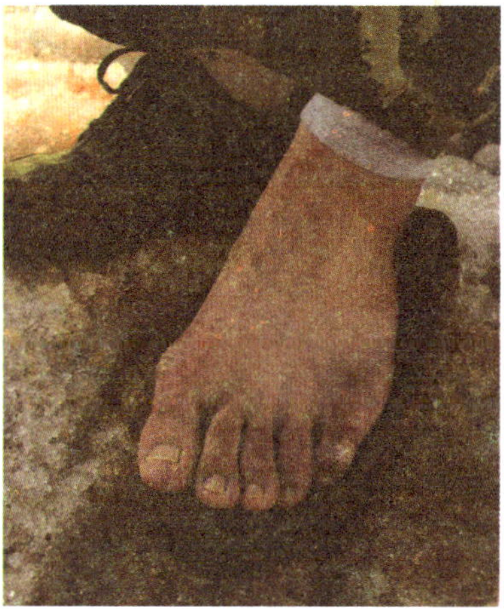

冻伤的脚

（4）利用现有材料进行急救。

因地制宜地利用身边可利用的一切材料进行急救，如用木板做简易担架，用毛巾做绷带或三角巾等。

（5）寻求第三方帮助。

尽早争取机会寻求帮助或召唤医务人员。通常最快的方法是给急救中心打电话，在医护人员到来前必须采取一些急救措施。

2 野外急救的初步措施

（1）密切观察伤员。

让伤员保持正确的体位，并对其生命体征进行初步检查。选择正确的伤员体位，初步检查伤员的意识、呼吸、血压、脉搏等生命体征，每5分钟观察一次。向急救中心呼救的同时，在场人员应积极进行初步救护。

（2）采取初步急救措施。

向急救中心呼救后，在场人员应迅速而准确地采取相应的措施进行初步急救。具体包括以下几个方面。

将伤员搬运至安全、易于救护的地方。

保持伤员呼吸道的通畅，已昏迷者，应将其口腔中的呕吐物、分泌物掏取出来，并将头偏向一侧，防止分泌物堵塞气道；若呼吸道被异物阻塞，则可运用腹部冲击法等急救方法，使异物排出来。

心跳、呼吸暂停者，需及时进行心肺复苏。

创伤病人给予初步止血、包扎、固定。

伤员应口服安全可靠的药物，尽量服用过去已用过的、证实无超敏反应的药物，而且要把药物的相关信息记清楚，并告诉医生。

（3）向救护人员介绍病情及救治经过。

当救护车到达之后，应当向医护人员讲明伤者的具体情况，这样可以保证急救的连续性和完整性。

五、伤口如何止血包扎

在野外难免会受伤流血。人体的血液有5000～6000毫升，如果受伤后流血不止，失血超过800～1000毫升，就会引起休克甚至死亡。人体的伤口流血通常可以分为从毛细血管中缓缓流出、从较粗大的血管中快速流出和从动脉血管中喷涌而出。其中，血液从动脉血管中喷涌而出的情况最为危险，如果不能及时止住流血，人很快会死亡。

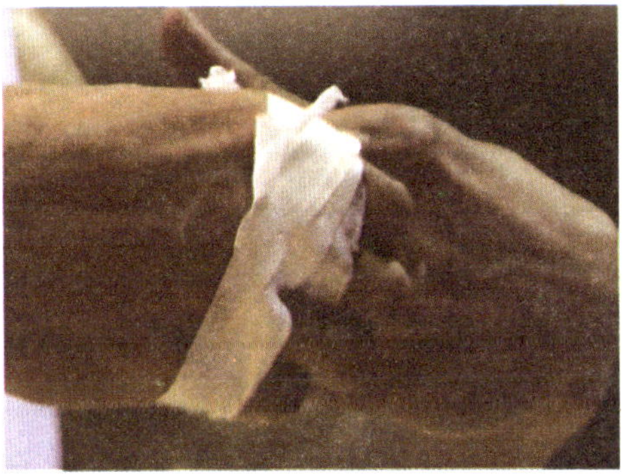
包扎

毛细血管出血时，血液会呈水珠样流出，并且能够自动凝固止血；静脉血管受伤流血时，血液会缓缓不断地外流，并呈紫红色，需要较长时间才会自动凝固，有时甚至不能自动凝固；动脉血管破裂出血时，血液会像喷泉一样涌出，颜色鲜红，能在短时间内造成大量出血。当出现受伤流血的情况时，首先应以最快的速度将血止住，然后再将伤口包扎好，等待其慢慢愈合。

1 止 血

（1）指压止血法。

指压止血法是指根据出血的部位，在伤口上方的近心脏一端，找到跳动的血管，用手指直接将动脉按压紧贴深处的骨骼上，通过阻断血液的流动，从而达到止血的目的。也可以用经过消毒的纱布直接按压在伤口上止血，这是一种简单有效的临时止血方法，主要用于头、颈、四肢的动脉出血。但这只是紧急情况下的临时止血方法，同时还应准备材料，换用其他方法进一步彻底止血。

通常，动脉血管流经骨骼并靠近皮肤的位置均为按压点。按压的方法是：将手指置于按压点，施以足够的压力，15

分钟后，慢慢放开手指。如果再度流血，则重复上述步骤。这种方法的止血效果较好，但需要明确的是，将手部伤口上方的动脉血管按压在骨骼上，可以减少上肢流向伤口的血量；压迫腹股沟间的动脉血管，可以减少流向下肢的血量。采用指压止血法时，救护人员必须熟悉人体各部位血管出血的压迫点。

（2）加压包扎止血法。

加压包扎止血法是用消过毒的纱布或急救包填塞伤口，再用纱布卷或毛巾折成垫子，放在出血部位的外面，用三角巾或绷带加压包扎的止血方法。加压包扎止血法主要用于静脉、毛细血管或小动脉出血。包扎前，应该将伤肢抬高，包扎时用力要均匀，包扎的范围要大一些。在用加压包扎止血法包扎伤口时，如果用急救包压迫伤口包扎效果不明显，可以加敷料再用绷带加压包扎。

（3）屈肢加压止血法。

屈肢加压止血法是在关节处加垫或绷带卷，将肘关节尽量屈曲，用绷带固定成屈曲姿势，以达到止血的目的。它主要

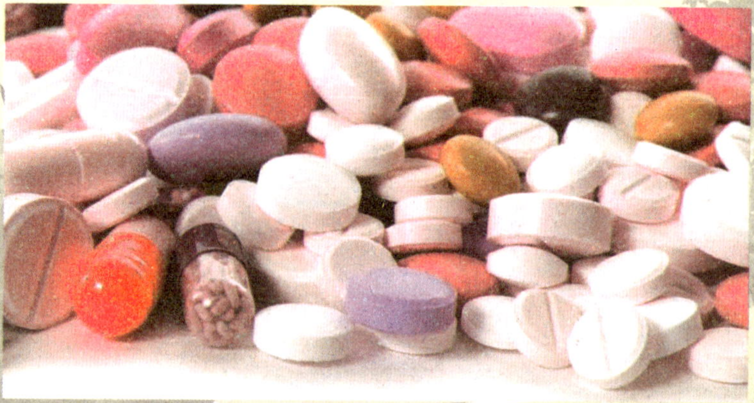

野外出行前最好准备些药

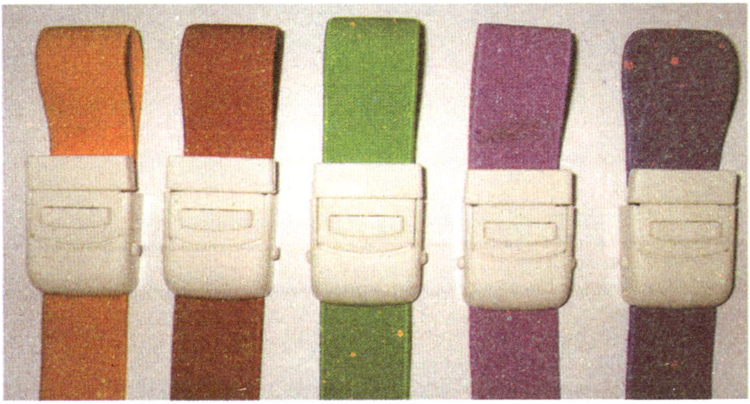

止血带

适用于肘、大腿及以下部位出血。但要特别注意的是，在骨骼和关节受伤的情况下，不能使用这个方法。

（4）止血带止血法。

用止血带紧缠在肢体上，使血管中断流血，也可以达到止血的目的。如果没有止血带，可以用三角巾、绷带、布条等代替。采用止血带止血时，止血带应缠绕在伤口的上部。止血带的下面要垫上铺平的衣服、毛巾或纱布，不能直接将止血带紧缠在皮肤上，以防勒伤皮肤。缠好止血带后，血液就不会流通，时间久了肢体就可能坏死，所以每隔15～30分钟就应该让止血带放松一次，但是，放松的时间不能太长，只要血流一通就应该立即再将止血带缠绕好，并要抓紧时间把伤员送到医院救治。缠好止血带后，应该注明一个标记，说明缠好止血带的时间。

2 外伤包扎

包扎可以保护伤口、压迫止血、固定骨折部位、减轻疼痛、防止污染。包扎的主要材料是纱布、绷带、三角巾、胶布等。在野外，如果没有现成的包扎物品，可以就地取材，用手帕、干净衣服、毛巾、床单等代替。具体的包扎方法有以下几个方面。

（1）头、面部包扎法。

十字包扎法可以有效地防止包扎脱落，并可以施压而达到止血效果。

（2）胸、背部包扎法。

胸、背部包扎时，包扎物不便于缠绕，经常采用三角巾包扎法。将三角巾一角放在肩上，另外两角绕向背后或胸前并打结。

如果伤口处于胸部较下且靠近腹部的区域，可用绷带直接缠绕包扎。注意：无论哪种包扎方法，都应该在伤口加敷料和垫物。

（3）臀部包扎法。

臀部包扎也经常使用三角巾包扎法。将三角巾的一角放在两腿之间，另外两角沿腰部围绕，在小腹部打结。

（4）“8”字包扎法。

在四肢的关节处，用普通的环形缠绕式包扎不能保证包扎得牢固和稳定，采用“8”字包扎法可以解决这个问题。具体方法：先在敷料上环形包扎两周；绷带在关节一端环形包扎一周后，绕向关节的另一端；每周覆盖上周的1/2或2/3；末端用胶布固定或者劈开绷带打结。

六、骨折了该怎么办

骨折和关节损伤以及肌肉拉伤是户外探险活动中比较常见的损伤之一。骨折通常由坠落、摔倒、撞击、挤压、羁绊等导致。

骨折除了影响患者正常的运动功能外，还可能造成进一步的组织损伤，如锋利的骨片会刺伤血管、肌肉、神经，甚至内脏器官。

1 骨折的六种类型

（1）单纯性骨折。

单纯性骨折也叫无创骨折，是指骨头直接沿一定角度折断，一般由摔倒等轻微外力所致。

（2）粉碎性骨折。

骨头在折断处形成多块骨碎片，一般由坠落、撞击、挤压等重创所致。

（3）开放性骨折。

开放性骨折是指折断的骨骼刺穿组织和皮肤，并有部分骨骼外露。

（4）封闭性骨折。

封闭性骨折也叫闭合式骨折，是指没有皮肤开裂的骨折。

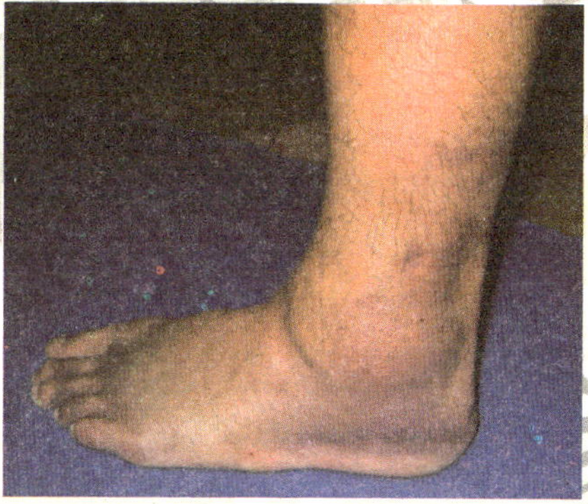
关节扭伤

（5）活动性骨折。

骨骼在折断处可以相对移动。活动性骨折往往会造成周围组织、肌肉、神经、血管的损伤，必须及时固定。

（6）稳定性骨折。

骨骼在折断处没有相对滑动的骨折。这样的骨折不会造成周围组织的损伤，一般受伤者还可以继续使用伤肢。

2 骨折处理方法

（1）止血。

骨折，尤其是开放性骨折往往引发大量出血，必须马上为患者止血。

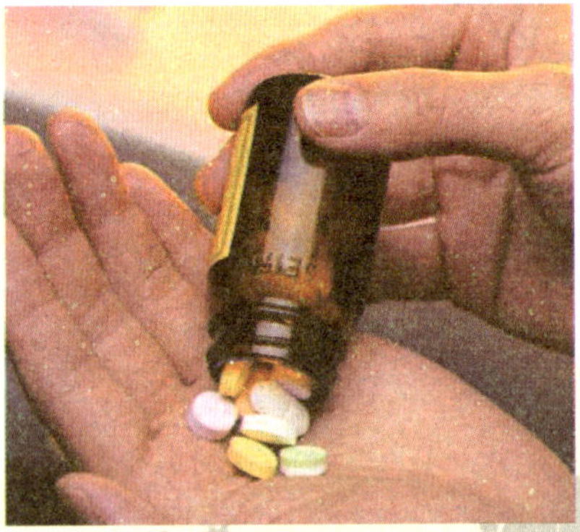
服用止疼药

（2）止痛。

骨折的剧烈疼痛往往会引起休克，有条件的话，应该为患者止痛（口服止痛药或者肌内注射止痛针剂），并注意保暖。

（3）复位。

在一般情况下，骨折的复位应该由专业医生处理，如果患者离医院比较近，直接送医院或叫救护车是最妥善的办法。但是，在野外的艰苦环境下，有时不可能很快得到医生的救治，更多的情况是，不得不长距离搬运伤员，有时还需要伤员的配合。

复位时，先牵引肢体，然后缓缓地把伤肢恢复到原来位置。为了恢复得尽量准确，可以请另一个人用双手扶住伤员的骨骼折断处，感觉两端的断骨是否对齐。这样做往往会引起剧烈疼痛。

关节处的异常扭曲和移位并非就是骨折，脱臼也可以造成移位。无论是骨折还是脱臼，用牵引复位的方法都能收到比较好的效果。骨折和其他肢体复位的方法也是同样的原理。复位成功后应马上进行固定。

3 骨折后的临时固定方法

对于发生骨折的患者，在运输前必须进行固定。固定的意义在于：防止骨骼碎片损伤周围组织，缓解疼痛，方便运输。另外，如果固定效果好，伤肢甚至可以有一部分运动功能。固定的材料最好是特制的夹板。在野外可以就地取材，用树枝、木棒、草捆、纸卷等。实在找不到固定材料，也可以把伤肢与健康的肢体固定在一起（之间要用毛巾、软布等做垫物）。

（1）上肢骨折的固定方法。

用可以找到的材料固定，并把伤肢吊起来（用布带挎在脖子上，吊在胸前）。

（2）下肢骨折的固定方法。

根据骨折的部位，可采用侧面和下面两种固定方法，一般不在上面（膝盖一面）固定。找不到固定材料，可与健康的肢体固定（两腿之间要有垫物，否则效果会大打折扣）。在运输伤员时要有担架配合，否则，这样的固定方法不便于运送伤员，而且容易二次受伤。

（3）锁骨骨折的固定方法。

锁骨不能直接固定，一般采取固定大臂的方法，因为大臂的活动会连带锁骨活动，可采取束缚式、悬吊式方法固定。如果有条件，可制作T形板固定，效果更佳。

（4）颈椎骨折的固定方法。

颈椎骨折非常危险，稍有不慎会损伤神经，甚至造成高位截瘫。固定颈椎时，可用毯子、多条毛巾、衣服等卷成一个10厘米左右宽的扁筒，把扁筒小心地绕在受伤者的脖子上，再用布带缠好，要注意使伤员保持呼吸畅通。

七、患上雪盲症该怎么办

某部队战士小胡（化名）是南方人，入伍前从来没有见到过皑皑白雪。入伍后的一个冬天，他随连队到东北某地执行运输任务。休息时，他来到原始丛林中，看到了无边无际的雪，兴奋地在雪中待了很久，进房间后感到眼睛看不清东西了，流泪不止，特别怕光，疼痛难忍，不得不住院治疗，医生诊断为“雪盲症”。由于他的眼睛被紫外线照射的时间过长，致使眼底发生病变，视力严重下降，无法继续参加连队的正常训练，只好离开连队，提前退伍。

1 为什么会患雪盲症

野外如果遇到大雪天气，不注意对眼睛的保护，就可能引发“雪盲症”。为什么会形成“雪盲症”呢？我们知道，太阳光中含有紫外线，适量的紫外线照射对人体有益，但是过

大雪天气可能引起雪盲症

量、超强度的照射，就会对人体有害。在大雪过后且阳光充足的时候，人在雪地里劳动、活动的时间过长，经雪地反射到人眼睛里的紫外线就会过多，从而对人的眼角膜和结膜造成损伤。初期会感到双眼有异物感，严重时会感到疼痛、流泪不止，再严重时会出现怕光的现象，甚至会造成眼底损伤。

另外，长时间紫外线照射，除对眼睛有损害外，皮肤也会发生异常反应，可以造成皮肤红肿、瘙痒、疼痛难忍，甚至出现水泡，严重的还会诱发癌变。所以对于“雪盲症”应该予以重视。

2 雪盲症的防治

（1）保护眼睛。

在雪地里活动时要注意对眼睛的保护。可以戴防护镜、墨镜；可以找一个帽檐很长的帽子遮挡一下反射回来的紫外线；也可以制作简易遮帘，戴在头上，效果也不错。

（2）注意休息。

活动中不要总是看着雪地表面，更不要长时间睁大眼睛看雪景；要经常闭上眼睛，缓慢转动眼球，使眼睛得到适当的休息。活动间隙，可以用温水洗洗眼睛，使眼睛周围组织的血液循环畅通，让视神经得到休息。

（3）及时治疗。

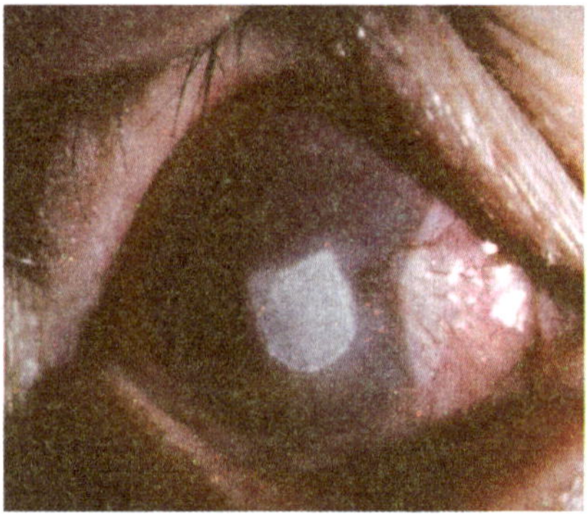
角膜溃疡

发现自己患了“雪盲症”以后，不能继续在雪地里活动，应该及时休息，注意眼睛卫生，不要使眼睛劳累；要正确使用眼药水，及时把眼睛里的分泌物处理干净；如果眼睛周围发痒难受时，千万不要用手揉眼睛，以防止角膜溃疡、眼底感染，引发严重后果。

八、被毒蛇咬伤了该怎么办

毒蛇咬人的时候，毒液从唇腭上一对唇上腺排出，通过毒牙导管或纵沟注入人体，毒液进入血液可迅速致人死亡。被毒蛇咬的伤口有一对针尖大小的毒牙痕，且伴有局部、全身中毒症状。

1 毒蛇咬伤的症状

（1）局部表现。

局部有轻度麻木感或剧痛，肿胀明显，并迅速向肢体近端蔓延。

（2）全身表现。

症状多在伤后1～3小时出现。表现为头晕、四肢无力、流涎；视力模糊、眼睑下垂；言语不清、吞咽困难；颈部强直、牙关紧闭；发热、烦躁不安、谵妄；皮肤轻度出血、鼻出血、牙龈出血、便血、黄疸等症状。

2 毒蛇咬伤的急救方法

如果被毒蛇咬伤，应当采用以下办法来进行紧急处理。

（1）保持镇静。

伤员切勿惊慌、乱跑，应就地休息，减少体力活动，以防毒素向全身扩散。

（2）包扎伤肢。

在伤口近心端用止血带或绳子、腰带、手帕、布带等扎紧患肢，以阻断静脉血和淋巴液回流，减少毒素扩散与吸收。包扎后要定期松开扎带，以防肢体因循环障碍时间过长而坏死。

毒蛇

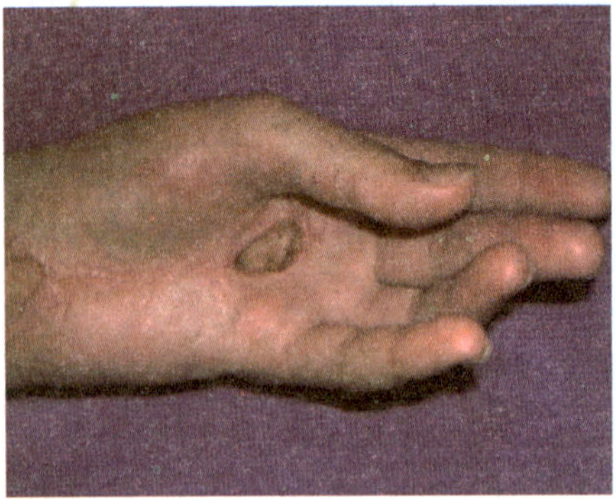
被毒蛇咬伤

（3）冲洗伤口。

立即用冷开水、泉水、自来水、生理盐水或肥皂水冲洗伤口，把伤口浅表处的毒液冲走。如果伤口中尚有毒牙存在，应及时拔出。

（4）扩张排毒。

用消毒后的锋利小刀，在伤口处做“十”字状切开，只切开皮下，不宜切得过深，只要切断上行的淋巴管，使淋巴液外流，促使毒液排出就可以了。再在伤口周围皮肤上划几道口子，或用三棱针、缝衣针等在伤口周围穿刺，使毒液外流。然后用拔火罐、吸奶器吸出毒液。也可用无破溃伤口的口腔反复吸吮伤口，吐出毒液，同时用手挤压伤处，以加速蛇毒排出。

（5）冷敷伤处。

用冰块、冰水等冷敷伤口周围，可减缓毒素的扩散与吸收。

（6）使用蛇药。

我国生产的蛇药，如南通蛇药、上海蛇药、群生蛇药、湛江蛇药等对蛇伤有较好的疗效。如果情况允许的话，要尽快使用，拖延越久，效果越不理想。

用冰块敷伤口